悦·读人生

On Marx
马克思

[美] 温迪·林恩·李（Wendy Lynne Lee）◎著
陈文庆◎译

清华大学出版社
北京

北京市版权局著作权合同登记号 图字01-2018-2283号

On Marx
Wendy Lynne Lee

Copyright © 2014 by Wadsworth, a part of Cengage Learning.

Original edition published by Cengage Learning. All Rights Reserved. 本书原版由圣智学习出版公司出版。
版权所有，盗印必究。

Tsinghua University Press is authorized by Cengage Learning to publish and distribute exclusively this simplified Chinese edition. This edition is authorized for sale in the People's Republic of China only (excluding Hong Kong, Macao SAR and Taiwan). Unauthorized export of this edition is a violation of the Copyright Act. No part of this publication may be reproduced or distributed by any means, or stored in a database or retrieval system, without the prior written permission of the publisher.
本书中文简体字翻译版由圣智学习出版公司授权清华大学出版社独家出版发行。此版本仅限在中华人民共和国境内（不包括中国香港、澳门特别行政区及中国台湾）销售。未经授权的本书出口将被视为违反版权法的行为。未经出版者预先书面许可，不得以任何方式复制或发行本书的任何部分。

Cengage Learning Asia Pte. Ltd.
151 Lorong Chuan, #02-08 New Tech Park, Singapore 556741

本书中文译文为中华书局许可使用。
本书封面贴有 Cengage Learning 防伪标签，无标签者不得销售。
版权所有，侵权必究。举报：010-62782989，beiqinquan@tup.tsinghua.edu.cn。

图书在版编目（CIP）数据

马克思 /（美）温迪·林恩·李（Wendy Lynne Lee）著；陈文庆译. —北京：清华大学出版社，2019（2024.1重印）
（悦·读人生）
书名原文：On Marx
ISBN 978-7-302-52536-3

Ⅰ.①马… Ⅱ.①温…②陈… Ⅲ.①马克思（Marx, Karl 1818-1883）—思想评论 Ⅳ.①A811.63

中国版本图书馆 CIP 数据核字（2019）第 047143 号

责任编辑：刘志彬
封面设计：李召霞
责任校对：王荣静
责任印制：刘海龙

出版发行：清华大学出版社
　　　　　网　址：https://www.tup.com.cn
　　　　　地　址：北京清华大学学研大厦 A 座
　　　　　邮　编：100084
社　总　机：010-83470000　　邮　购：010-62786544
投稿与读者服务：010-62776969，c-service@tup.tsinghua.edu.cn
质量反馈：010-62772015，zhiliang@tup.tsinghua.edu.cn

印 装 者：三河市铭诚印务有限公司
经　　销：全国新华书店
开　　本：148mm×210mm　　印　张：6　　字　数：118 千字
版　　次：2019 年 5 月第 1 版　　印　次：2024 年 1 月第 6 次印刷
定　　价：35.00 元

产品编号：077057-01

马克思

卡尔·海因里希·马克思（Karl Heinrich Marx, 1818—1883），德国实践哲学家，马克思主义创始人。出生于犹太律师家庭，先后求学于波恩大学、柏林大学和耶拿大学。后与恩格斯合作办报、著述，宣传革命理论或批评政府的不当政策，遭德、法、比等国多次流放或驱逐。著有《共产党宣言》《资本论》等。

马克思主义博大精深，包含哲学、政治、经济、社会等广泛的内容，核心是辩证唯物主义和历史唯物主义。在哲学方面，马克思认为哲学应是人类思想的解放，是无产阶级的精神武器。他提出著名的阶级斗争理论，认为几千年以来，人类发展史上最大的矛盾与问题就在于不同阶级之间的利益掠夺。依据历史唯物论，马克思曾大胆地假设，资本主义终将被共产主义所取代。

马克思被认为是历史上最有影响力的思想家之一，并且对世界政治及学术思想产生重大影响。弗朗西斯·惠恩认为"20世纪的历史"是"马克思的遗产"。

内容简介

本书首先对马克思及其思想体系进行了概述，然后选择性地着重对其"劳动""宗教批判""资本主义""货币和分工""历史研究法""政治经济学""阶级斗争"和"对压迫的批判"等思想进行了深入阐述，帮助读者既能全面理解马克思的思想体系，又能准确把握其富有启发性和包蕴性的思想。

总序

贺麟先生在抗战时期写道:"西洋哲学之传播到中国来,实在太晚!中国哲学界缺乏先知先觉人士及早认识西洋哲学的真面目,批评地介绍到中国来,这使得中国的学术文化实在吃亏不小。"[1] 贺麟先生主持的"西洋哲学名著翻译委员会"大力引进西方哲学,解放后商务印书馆出版的《汉译世界学术名著》的"哲学"和"政治学"系列以翻译引进西方哲学名著为主。20世纪80年代以来,三联书店、上海译文出版社、华夏出版社等大力翻译出版现代西方哲学著作,这些译著改变了中国学者对西方哲

---

[1] 贺麟. 当代中国哲学. 上海:上海书店,1945:26.

学知之甚少的局面。但也造成新的问题：西方哲学的译著即使被译为汉语，初学者也难以理解，或难以接受。王国维先生当年发现西方哲学中"可爱者不可信，可信者不可爱"，不少读者至今仍有这样体会。比如，有读者在网上说："对于研究者来说，原著和已经成为经典的研究性著作应是最该着力的地方。但哲学也需要普及，这样的哲学普及著作对于像我这样的哲学爱好者和初学者都很有意义，起码可以避免误解，尤其是那种自以为是的误解。只是这样的书还太少，尤其是国内著作。"这些话表达出读者的迫切需求。

为了克服西方哲学的研究和普及之间的隔阂，清华大学出版社引进翻译了国际著名教育出版巨头圣智学习集团的"华兹华斯哲学家丛书"（Wadsworth Philosophers）。"华兹华斯"是高等教育教科书的系列丛书，门类齐全，"哲学家丛书"是"人文社会科学类"中"哲学系列"的一种，现已出版88本。这套丛书集学术性与普及性于一体，每本书作者都是研究其所论述的哲学家的著名学者，发表过专业性很强的学术著作和论文，他们在为本丛书撰稿时以普及和入门为目的，用概要方式介绍哲学家主要思想，要言不烦，而又不泛泛而谈。因此这套书特点和要点突出，文字简明通俗，同时不失学术性，或评论哲学家的是非得失，或介绍哲学界的争议，每本书后还附有该哲学家著作和重要第二手研究著作的书目，供有兴趣读者作继续阅读之用。由于这些优点，这套丛书在国外是不可多得的哲学畅销书，不但是哲学教科书，而且是很多哲学业余爱好者的必读书。

"华兹华斯哲学家丛书"所介绍的，包括耶稣、佛陀等宗教创始人，沃斯通克拉夫特、艾茵·兰德等文学家，还包括老子、庄子等中国思想家。清华大学出版社从中精选出中国人亟须了解的主要西方哲学家，以及陀思妥耶夫斯基、梭罗和加缪等富有哲思的文学家和思想家，以飨读者。清华大学出版社非常重视哲学领域，引进出版的《大问题：简明哲学导论》等重磅图书奠定了在哲学领域的市场地位。这次引进翻译这套西文丛书，更会强化这一地位。现在越来越多的人认识到，在思想文化频繁交流的全球化时代，没有基本的西学知识，也不能真正懂得中华文化传统的精华，读一些西方哲学的书是青年学子的必修课，而且成为各种职业人继续教育的新时尚。清华大学出版社的出版物对弘扬祖国优秀文化传统和引领时代风尚起到积极推动作用，值得赞扬和支持。

张世英先生担任这套译丛的主编，他老当益壮，精神矍铄，认真负责地选译者，审译稿。张先生是我崇敬的前辈，多年聆听他的教导，这次与他的合作，更使我受益良多。这套丛书的各位译者都是学有专攻的知名学者或后起之秀，他们以深厚的学养和翻译经验为基础，翻译信实可靠，保持了原书详略得当、可读性强的特点。

本丛书共44册，之前在中华书局出版过，得到读者好评。

我看到这样一些网评："简明、流畅、通俗、易懂，即使你没有系统学过哲学，也能读懂"；"本书的脉络非常清晰，是一本通俗的入门书"；"集文化普及和学术研究为一体"；"要在一百来页中介绍清楚他的整个哲学体系，也只能是一种概述。但对于普通读者来说，这种概述很有意义，简单清晰的描述往往能解决很多阅读原著过程中出现的误解和迷惑"；等等。

这些评论让我感到欣慰，因为我深知哲学的普及读物比专业论著更难写。我在中学学几何时曾总结出这样的学习经验：不要满足于找到一道题的证明，而要找出步骤最少的证明，这才是最难、最有趣的智力训练。想不到学习哲学多年后也有了类似的学习经验：由简入繁易、化繁为简难。单从这一点看，柏拉图学园门楣上的题词"不懂几何者莫入此门"所言不虚。我先后撰写过十几本书，最厚的有八九十万字，但影响最大的只是两本 30 余万字的教科书。我主编过七八本书，最厚的有 100 多万字，但影响最大的是这套丛书中多种 10 万字左右的小册子。现在学术界以研究专著为学问，以随笔感想为时尚。我的理想是写学术性、有个性的教科书，用简明的思想、流畅的文字化解西方哲学著作烦琐晦涩的思想，同时保持其细致缜密的辨析和论证。为此，我最近提出了"中国大众的西方哲学"的主张。我自知"中国大众的西方哲学，现在还不是现实，而是一个实践的目标。本人实践的第一步是要用中文把现代西方哲学的一些片段和观点讲得清楚明白"①。欣闻清华大学出版社要修订再版这套译丛,每本书都是讲得清楚明白的思想家的深奥哲理。我相信这套丛书将更广泛地传播中国大众的西方哲学,使西方哲学融合在中国当代思想之中。

赵敦华

2019 年 4 月

---

① 详见赵敦华. 中国大众的现代西方哲学. 新华文摘, 2013(17): 40.

序 | Preface

本书旨在让初学者熟悉哲学家马克思著作中一些核心的观念和论证。无论在生前还是逝后，马克思都被认为是一个革命的思想家；他对资本主义批判的影响、他的历史观、他关于人性和创造性劳动的概念，以及他关于理论和实践之关系的观点，都超出了学院哲学的范围而延伸到经济学、人类学、政治理论、社会学和伦理学等领域。马克思探究的目的在于激起反对经济压迫的不公正的革命。没有一个思想家比他更敏锐地察觉到了，点燃一场成功的革命所需要的集体力量是如何受到关于那些条件——人类生活所需要的物质条件，它使这种探究本身成为可能——的知识的制约。

我的假想之一就是，我的读者是一个工人：无论他从事的是家务劳动，还是公共劳动；无论他的薪酬良好、工薪不足，还是根本没有报酬；无论他的工作条件是安全的，还是不安全的；无论他有没有机会获得健康保险、儿童保险，或养老保险；无论他是年轻人、中年人还是老年人；无论是白领还是蓝领；无论他有没有足够的闲暇阅读……我希望能激发我的读者作为无产阶级的一员来思考她或他自己：无产阶级是工人的团体，为了它，正义要求人们战胜资本主义——它被理解为系统地踩躏人类最珍贵之物的一种制度；我们人类最珍贵的东西就是，将感性物质世界改造成为人类——它将自身理解为意识到它自身价值的自然——的形象的天赋才能。

本书的目的是想说明，在何种程度上，以何种方式，马克思被误解了。在研究对马克思主义的一些最近运用时，我们发现，他深刻的乐观主义的人性观念、他关于资本主义生产对人性的影响的彻底批判，在今天，仍然与马克思生前一样充满活力，并与我们息息相关。本质上马克思仍然是一个植根于启蒙传统的人文主义哲学家；他的目标与亚里士多德所谓的"幸福"（eudaimonia）或人类的"自我实现"相关联，就如我们的愿望就是幸福和美好生活一样。

为了达到这些目的，我们将研究马克思主义的女权主义和马克思主义的生态学，二者都将为读者提供对马克思的认识和批判的洞见，当然这种批判与马克思卓著的声誉相比是不能相提并论的。不同的、有时相互冲突的视角为读者提供了评估马克思的思想与分析当代问题之间的相关性的机会。比如，当马克思关于经济压迫的分析被应用到其他形式的压迫中时，是否仍然有用呢？马克思主义能够照亮除"阶级主义"之外的其他各种"主义"吗？种族主义？异性主义？马克思关于人是动物的一个种类的观念对环境伦理学有什么意义呢？马克思对资本主义的批判能否应用到对全球经济趋势的一种更为敏锐的理解？这正是我们要讨论的一些问题，以证明马克思与21世纪的读者有关系。

这种研究途径有许多优点。第一，它着重强调了马克思主义的概念重要而持久的方面；第二，它在某些方面有助于消除马克思主义已经过时，或者马克思的思想在当代政治分析和经济分析中已经不再有用的观点；第三，不管马克思主义的概念被应用到女权主义和环境主义所面临的问题时显得有多么遥远，看看这些论题是如何能够被追溯到马克思主义对资本主义劳动及其后果的批判，是很有教益的。看看无所不在的经济分层是如何贯穿于人类存在的经纬之中，也是有启发意义的。然而，在某种意义上，人类生存的每一个方面，食物、医疗、交通、性、隐私等，都被自由市场所支配，没有人能够摆脱这个市场的影响——无论是垂髫幼童，还是不再直接从事某种形式的雇佣劳动的垂垂老者；无论是富贵人家，还是最无可剥削的乞丐。

在此，我的目的是解释性和批判性的，因为我的目标不仅是给读者提供一种对马克思基本思想的可靠理解，而且还提供它与当代经济、政治、伦理问题的相关性的示例。我希望邀请读者用一种与马克思的哲学构想相一致的方式来"提炼"马克思主义，这种构想的目的不仅是认识世界，而且要改造世界，即要通过深思熟虑的和集体性的行动来提升这个世界。在这里，我既是辩护者，也是批判者；我将自己定位为一名导游，任务是描画出通向马克思的哲学胜地的一条路线，沿途指出可能遇到的荆棘和乱石、危险和希望。

　　本着这样的精神，我不掩饰我受其他思想，尤其是语言学和心灵哲学、女权主义、环境主义，以及另一个著名哲学家即维特根斯坦的后期著作的影响，我也并不认为自己已经穷尽了马克思，或者已经呈现了马克思。由于注重知识目标，我首先把马克思作为一个哲学家而不是一个政治家或经济学家——尽管他们也是很重要的——来看待；其次，我主要关注的是马克思的早期和中期著作，而不是其后期著作；最后，如果不承认另一个哲学家对马克思的深刻影响，那是不明智的。他就是恩格斯，他在《家庭、私有制和国家的起源》中对家庭的分析反映了马克思和恩格斯共同旨趣的一些重要方面。在本书中，他得到了恰当的关注。如果不是因为表达上的麻烦，人们可以正确地把马克思主义看作马克思和恩格斯的共同事业。考虑到要简洁清楚地表达，我自己没有选择这条道路。我的计划是适度的，其目的是激发读者追寻自己的哲学问题，严肃地悬置偏见并且批判性地审查伟大思想。

目录 Contents

总序

序

1　001　人性 / 类存在物

类存在物 / 002

历史性和自由 / 008

宗教批判 / 013

分工 / 021

2　031　劳动和异化

资本主义商品交换 / 032

货币和分工 / 036

异化劳动 / 043

作为阉割的异化 / 049

异化、消费和家庭 / 059

作为卖淫的婚姻 / 063

3 069 | **作为历史研究法的辩证法**
历史研究法 / 070
政治经济学 / 075
阶级斗争 / 082
再论主—奴关系 / 086
共产党宣言 / 089

4 095 | **共产主义革命**
国家的消亡 / 096
共产党的使命 / 101
感性"人"的诞生 / 105
妇女的社会 / 109
继续革命 / 116

5　123　马克思主义与对压迫的批判

作为现象学的马克思主义 / 124

性别辩证法 / 127

马克思主义的女权主义批判 / 132

种族与革命 / 136

性的被放逐者 / 140

6　149　马克思主义和生态学

实践和"自然" / 150

环境和革命 / 153

可持续（发展）的可能性 / 158

参考书目 / 163

1

On Marx ——————— 人性 / 类存在物

类 存 在 物

人们可以用各种同样有效的方法来开始关于马克思的研究。比如，从介绍黑格尔或费尔巴哈对马克思的影响开始，或者，以马克思的生平和著作年表的方式开始。不过，我自己选择了一种更为主题化的方式来开始这种研究，希望读者直接与马克思的观念相接触。因此，我们通过讨论一个在马克思的历史观中处于核心地位的主题，即资本主义的兴起和革命的必要条件，也就是说，马克思关于人性的概念或他所谓的类存在物的概念，来开始我们的研究。

由于西方启蒙的人文主义的启发和黑格尔哲学的影响，也由于达尔文对自然选择的论证,马克思关于人是类存在物的概念代表了对早期的人性观念的一种拒斥;早期的人性观念是静止的、二元论的,他倾向于这样一种认识,即人是动物的一个种类,他与其他感性生物一样,有现实的肉体需要,能承受痛苦,度过有限的一生,而最终死去。与人们常常归之于他的悲观主义相反,马克思的核心观点是这样一种认识,即人类不能被定义为一种不变的、给定的类成员之物,而毋宁必须被辩证地构想为一演进的作品或进程。它与自然的关系既是物质的又是理性的,既是物理的又是心理的。

"辩证"一词的轨迹可以追溯到西方传统最早有记载的时候,任何被描述为辩证的过程是这样一个过程:在其中,进步或变化是通过克服一系列原有条件而发生的,而这些条件自身也是克服此前的系列条件的产物,如此以至无穷。断言类存在物是辩证的,就是断言它是一种通过克服一些物质条件而不断进步的产物,通过这种克服过程,变化对于人类成为可能。

这是一种提供人类生存的物质条件的"持续交换",这种辩证关系同样为人类的精神事业——它使人类成为一种独一无二的类存在物——提供了资料。马克思说:"思想、观念、意识的生产最初是直接与人们的物质活动,与人们的物质交往,与现实生活的语言交织在一起的。"(《德意志意识形态》,47)

> 在实践上，人的普遍性正表现在把整个自然界——首先作为人的直接的生活资料，其次作为人的生命活动的材料、对象和工具——变成人的无机的身体。自然界，就它本身不是人的身体而言，是人的无机的身体。人靠自然界生活。这就是说，自然界是人为了不致死亡而必须与之不断交往的、人的身体。所谓人的肉体生活和精神生活同自然界相联系，也就等于说自然界同自身相联系，因为人是自然界的一部分。（《1844年经济学哲学手稿》，112）

正是基于环境资源即自然界在字面意义和比喻意义上都具体体现于人类生存活动之中的事实，人类是"自然界的一部分"。

马克思本人的一生，提供了什么是他所意指的类存在物的范例。马克思一生（1818—1883）的绝大部分时间生活于远离德国本土的流放之中，在贫困的边缘维持着一个家庭，经济上依赖于他的合作者弗里德里希·恩格斯。马克思几乎不可能不意识到在满足基本需要方面许多人所面临的斗争。他辉煌的然而很少得到补偿的精神产品的情形，在他人格的纯粹热忱之中得到体现。要追溯这些并不困难。比如，马克思的传记作家以赛亚·伯林（Isaiah Berlin）评论说：

> 生活于一个充满敌意的、庸俗的世界的感觉——这种感觉也许被他对于自己是一个犹太人的事实的潜在厌恶所强化——增加了他天性中的粗暴和攻击性，产生了民众想象中的可怕形象。但是，如果说他在公众场合的态度是傲慢无礼的，那么，在由他的家庭和朋友所组成的私人圈子里——在其中他感到彻底的安全——他是体贴周到而又温文尔雅的；他的婚姻不可谓不幸福，他与他的孩子们热情亲密，他对他的终身好友和合作者恩格斯待以独特的忠诚和挚爱——即使他的敌人也被他的人格的力量和热切所吸引……（伯林，4）

作为一个革命家和作家，在离开德国并且最终离开法国去英国的流放过程中，马克思反对经济不公正的力量无疑被他为维持他自己以及他的家庭的生存的斗争所制约。在经常受到强烈指责的文章中，马克思表明经济生活就是类存在物的生活；因为它是满足物质需要，因而也是满足一切其他需要的生活。马克思人格的力量与激烈都是有机的，即是说，这是从他早期的哲学经验中成长起来的，这些哲学经验尤其包括对黑格尔的回应，对于理论建构与人类生活的物质条件的关联的认识以及他所从事的理智论战的重要时刻——马克思把论敌视为"傻瓜或马屁精"，因为他们看不到资本主义对于人类发展的含义。

（伯林，3）

　　由于我们绝大多数人现在已经不再是原始的狩猎人、觅食者、劫掠者或采集者，人们可以在这儿提出反对说，我们已经不再是自然的一部分了，至少在马克思的描述可以引申出的史前形象的意义上已不再是了。但是，这种推理明显是错误的，如同我们认为，资本家的事业——比如我们中的每一位都会时常出入的塔可钟（Taco Bell）、红龙虾（Red Lobster）或必胜客（Pizza Hut）等企业——会因为没有我们的合作而不能，也不会成功一样。无论如何，马克思的观点，不仅仅是说我们依赖于自然，而且还指这种依赖的特征是辩证的。即是说，我们是一种克服和同化物质世界的过程的产物，通过这种克服和同化，我们将自己界定为一种特殊类型的存在。换句话说，我们不仅仅是塔可钟和红龙虾的参与者，而且还是消费者——对消费者来说，这些产品代表了我们价值评价的方式。

　　马克思的类存在物的观念不仅仅是辩证的，而且还是特殊的生态学的，它使理性——把人类从非人类的生命中区别出来的条件——关联到我们实现物质需求的方式。不像非人类的生物，非人生物"和它的生命活动是直接同一的"，它就是"这种生命活动"（《1844年经济学哲学手稿》，113），人则使自己的生命活动本身变成自己的意志和意识的对象。（《1844年经济学哲学手稿》，113），"人"：

> 通过实践创造对象世界，即改造无机界，证明了人是有意识的类存在物，也就是这样一种存在物，它把类看作自己的本质，或者说把自身看作类存在物。（《1844年经济学哲学手稿》，113）

对马克思本人来说，这里意指的是一个劳作的、"在伦敦的相对默默无闻中，在他的大英博物馆的书桌和书房中"度过的生命。无论是对他的追随者，还是对他的反对者来说，他的确使他自己变成了这样一个对象，一个革命理想和灵感的隐喻。（伯林，1—2）在其成年生命中，马克思不仅在他的著作中，而且还在与他那个时代的无数其他作家、政治活动家和革命家的交流中创造了一个对象世界。（伯林，118）

这一点在他的著作和生活中都得到例证：对马克思来说，人类独特的、区别于非人类的生物的类存在，不仅表现在实现需要的能力上，而且表现在客观化"自然"上——这个"自然"被占有为劳作或劳动的物质条件。通过这种劳动，类生命能够成为人的生命：

> 因此，劳动的对象是人的类生活的对象化：人不仅像在意识中那样在精神上使自己二重化，而且在实践中、在现实中使自己二重化，并且在他所创造的世界中直观自身。（《1844年经济学哲学手稿》，114）

人的意识不是一种直接性——非人的生物的意识是一种完全的直接性，人类通过创造性劳动（实践）预期一种未来，它本身是一种具体化于对象的生产之中的人类自我意识的表现。"正如个体要表达他们的生命"，马克思写道，"人类也是"。（《德意志意识形态》，42）通过创造一个对象世界：精神的、音乐的、艺术的、建筑的，一句话，人类把他们自己创造为意向、思考和直观的对象。通过一个既是辩证的又是生态的过程，一个人成为学者、音乐家、画家、建筑家、作家。这是一个"绝无仅有的"类存在物，通过将它的物质条件对象化——通过使它的物质条件成为它自己的形象，它克服或者超越自己。因为这就是具有一个世界的含义，即生活于一种过去、现在和将来——体现在创造性劳动的持存的对象——之中。

历史性和自由

这样，马克思用人的本质的历史性，即用人类在实践的兴趣中理解和占有类生活的物质条件的独特能力，或者，用被辩证地构想的创造性劳动——通过它，需要的直接性被与所创造对象的密切关联超越了——来表征人的类生活的特性。的确，在人的自我复制的欲望预设了他们的持续生存的意义上，这样一种对象的价值直接来源于他们的历史性的（而不仅仅是时间性的）特征。从一个马克思主义者的观点看来，历史性本身，是由使创造性劳动成为可能的物质条件，进而，是由辩证的唯物主义——它使人成为类存在物——决定的。（《1844年经济学哲学手稿》，178—182）通过创造在外在世界中持存的人类自身的形象，我们不仅复制自我，而且还推进了人格的发展；这种人类的人格，被认为是具体表现了经验的、理性的和在物质条件的限度之内的自由。

由此视角来看，关于精神—肉体的二元论观念根本就站不住脚了。因为，无论"精神"是在什么程度上被设想为非质料的、不可分的和不可毁灭的，它都只能自由飞翔于物质限度之内，物质决定了创造性劳动的可能性。换句话说，这种二元论不能满足使人的意识得到发展，或者，使人从非人的存在中区别出来成为可能的最小条件。因为这样一个二元论的"精神"不可能是任何东西：首先，因为唯物主义排除了非物质的现象和实体的存在；其次，因为意识是类的成员之间以及与他们的自然、社会和经济环境之间的物质关系发展的产物。

因此，由上所述，精神—肉体的二元论不仅是错误的，而且是不合逻辑的，因为它在尚没有人能够存在的地方假设了一个（自我）意识，因而它也严重地将实践的产物和实现这种实践的条件混淆起来了。由于将意识自身误认为是使意识成为可能的劳动，二元论不能提供一种实现"生命过程"的通路，这种"生命过程"独特地决定了人类存在的特性。马克思写道，

"不是意识决定生活，而是生活决定意识"（《德意志意识形态》，30）。换句话说，意识是被满足需要的资料的生产所决定的，即被"物质资料生产本身"所决定的，马克思认为，"生产物质生活本身"构成人的"第一个历史活动"。（《德意志意识形态》，48）

正是以这一方式，马克思将黑格尔自己嗜好的二元论"倒置过来"（《1844年经济学哲学手稿》，173—193）。因为黑格尔坚持认为，只有通过意识对精神或者形而上的真理——黑格尔称其为"绝对"——的追求，对自由的探求才能得到实现，而马克思则表明，自由远不是一个给定的内在的"精神"，自由标识了一种实践的成就：

> 德国哲学从天上降到地上；和它完全相反，这里我们是从地上升到天上，就是说，我们不是从人们所说的、所想象的、所设想的东西出发，也不是从只存在于口头上所说的、思考出来的、想象出来的、设想出来的人出发，去理解真正的人。我们的出发点是从事实际活动的人，而且从他们的现实生活过程中我们还可以揭示出这一生活过程在意识形态上的反射和回声的发展。甚至人们头脑中模糊的东西也是他们的可以通过经验来确定的、与物质前提相联系的物质生活过程的必然升华物。因此，道德、宗教、形而上学和

其他意识形态，以及与它们相适应的意识形式便失去独立性的外观。它们没有历史，没有发展；那些发展着自己的物质生产和物质交往的人们，在改变自己的这个现实的同时也改变着自己的思维和思维的产物。（《德意志意识形态》，47）

换句话说，自由，不是从物质制约中的解放，而毋宁是对自我对象化的追求的自由；这种对象化体现在创造性的实践之中，而个体的历史性和人民的历史都发源于这种创造性的实践活动之中。（《1844年经济学哲学手稿》，179—182）马克思认为，人把自身当作现有的、有生命的类来对待，当作普遍的因而也是自由的存在物来对待。（《1844年经济学哲学手稿》，112）。

由此看来，将生命的物质条件看作它的阻碍和限制的观点，是对生命的一种误解。因为"生命过程"是"有血有肉"的现象，它不仅涉及人类存在与自然的交换，而且还涉及人类个体成员之间的关系。这些关系，既不是机械的，也不是任意发生的；而是在一个人将自己认作普遍和自由的存在物的意义上，他们确定的一种物质的辩证的交换关系；人作为普遍的自由的存在物，他本身以对他人——他人自己的自我意识经历了一种类似的过程——的承认为中介。

尽管马克思本人关于这种关系的例子或许能够更有力地说明他在大英博物馆中写成的充满讥讽的孤愤之作，我还是要选择一个例子，这个例子在具体化了的辩证法中既能比喻地，也能实在地作很好的说明。成为一个母亲，不仅可以被描述为一个生产族类的生物过程，而且还可以被看作现象地或者经验地超越自我的过程，这个自我可以被看作一个为了与"母亲"的自我的概念合并的单纯实体。孩子自身可以被看作是物质的，是通过怀孕、分娩的痛苦和对子孙的持续依赖而发生的戏剧性的物理变化；但孩子还可以被辩证地看待，他是一个发生的自我意识的改变这样一种相对长久的现象；自我意识本身也注定要被克服，正如孩子最终要由于出生、成长和分居而被取代一样。

古代希腊哲学家柏拉图在辩证法的肯定、否定以及新生事物的诞生中所看到的东西，在他的哲学对话中成为可能；柏拉图让他的主要角色苏格拉底扮演理念——无论是成活的还是难产的——的助产婆（特别是在《斐多篇》和《泰阿泰德篇》中）；而马克思在物质和精神的交换过程中变换了角色。对马克思来说，难产的是柏拉图主义和黑格尔主义的观念，这种观念认为，类存在物的超越"仅仅"需要那个物质世界，物质世界只是精神必须利用的外壳；事实远非如此，辩证的唯物主义是物质世界的被人性化的历史。辩证唯物主义对精神—肉体二元论的重大超越是，前者能够提供后者所不能提供的东西，也即是说，一种形而上的或者观念的构架，在其中，我们既能说明形体的也能说明精神的东西，既能说明生态学的也能说明社会的东西，这些东西激活了类存在物的历史。回过来说，需求确实是发明之母,也是人类集体地从地上飞升到自由天国之母。

宗 教 批 判

通过同样的征象,辩证唯物主义许诺了对精神—肉体二元论的一种意义重大的哲学超越,这构成了马克思具有毁灭性力量的宗教批判的出发点。追随路德维希·费尔巴哈和青年黑格尔主义者的早期分析,马克思挑选宗教进行敏锐而尖刻的批判,因为宗教能使我们相信,(精神)灵魂是一种先天的而不是通过实践才成为可能的历史地发生的自我意识的存在的现实性。如果人类要想体验自身为自由的和自我创造的,那么,一个首要条件就是从马克思看为颠倒了的宗教逻辑中解放出来。

马克思以诅咒的语言——他对这些很在行——表达了这一思想。在《德意志意识形态》中,他写道:

> 人们迄今总是为自己造出关于自己本身、关于自己是何物或应当成为何物的种种虚假观念。他们按照自己关于神、关于模范人等等观念来建立自己的关系。他们头脑的产物就统治他们。他们这些创造者就屈从于自己的创造物。我们要把他们从幻想、观念、教条和想象的存在物中解放出来,使他们不

再在这些东西的枷锁下呻吟喘息。(《德意志意识形态》,44)

宗教具有双重的本质特性：首先，表现在柏拉图主义者能够将物质世界阐述为一种与非物质的实在——这种非物质的实在是由来世、天国和绝对来代表的——相比较而言的非实在；其次，表现在它有能力将一种道德价值——这种道德价值是由灵魂能够被培养成适合来世生活的许诺来核准的——授予这个非物质的实在。(鲍特莫尔，1963，43—45)不仅仅是苏格拉底的孵化不出的"坏蛋"或死胎，而且一切宗教的幽灵都向人许诺一个表达清晰的二元论形而上学——这一形而上学充满了目的论，它使人类生活的目的稳固于道德律之中，而对道德律的坚守则在来世得到报偿。

随着这种二元论形而上学以及随之而来的道德估价的设定，那么西方历史上拥有几乎从不间断的对于弃绝肉体、拯救和升华灵魂的见证，就不足为奇了。正如丰富的文献和历史证据所表明的，这种看法的具体体现无非是说，在灵魂生命中人的此生仅仅只是一个暂时的或者试验的插曲，在此插曲中，灵魂因对肉体的忍受而得以区分；人的肉体则倾向于变化（当然倾向变化本身又被当作肉体的非实在性的证明）。的确，对唯物主义而言，宗教意识只是心理学上的可塑性而已，它被马克思看作"颠倒了的世界意识"而遭到排斥和贬低。(鲍特莫尔，

1963，43）

宗教颠倒了"肉体"的价值：肉体本来被认为是一个创造的、自我对象化劳动的场所，宗教把肉体重新阐释为一种坟墓，它陷溺于它自身的暂时性之中，而且喜欢沉溺于物质需求的满足之中。要明白这一点，可以想一下南方浸礼会对迪斯尼公司的公开指责：因为该公司为它的男女同性恋雇员提供了系列方便。浸礼会认为，迪斯尼公司的政策强化了人对罪的喜好，因为肉体——它被铭记为是虚假不真的东西——代表了性的，而非生育的欲望，这种欲望将灵魂埋葬在肉体之中。从浸礼会的观点看来，几乎没有比这种对淫欲的无理由的庆贺（迪斯尼公司为同性恋者提供的方便）更糟糕的了。这种淫欲不是人生的天职，不是为了生育，而是潜在的性欲；很少有东西能够被认为有如此大的伤害，很少有东西能比它更好地呈现了心理学上的可塑性——在其颠倒了的世界观中，浸礼会明显地把同性恋等同于罪孽。

这样颠倒了之后，任何行为，性、审美、音乐、体育、智力创造或者在实践感觉上的新奇事物都是罪。错误地将肉体认为"仅仅是"欲望，宗教苦行者不是将肉体体验为他的（她的）物质条件，而是将肉体体验为是一种酷刑或者疾病——其解救之方只能在宗教的自我否定的麻醉剂中找到。而这种自我否定为"胡萝卜"和"大棒"所激励。"大棒"使人恭顺（如果不是谄媚的话），使人感到罪恶与羞耻，这种罪恶与羞耻是与人的肉体存在联系在一起的，它促成了对宗教义务的忠诚的柔顺；"胡萝卜"指的是人来世受报偿的希望，因为人已经实现了效仿某种自我意识的品质的宗教诫命——这种自我意识几乎等同于那无法接近也不可接近的绝对者。

这一点也许在阿维拉的圣德兰（St.Teresa of Avila）的出神直观或奥古斯丁（Augstine）的忏悔中得到了最好的验证：肉体的羞耻与极乐的宗教体验曾经被牢牢地钉在对天国报偿的希望之上，对肉体的否定造成了一种生命的麻醉与安眠状态，生命行为苦思冥想的只不过是对来世生活的准备。最近的例子则可以在对异性性关系的隐蔽的肯定中得到发现——一些《出埃及记》研究会的毕业生公开承认这种对异性性关系的肯定；这个研究会是一个基督徒组织，它的使命就是"医治"反常的同性恋性欲望，因为这种同性恋被认为是"非生育"之类的性欲望。对成功的《出埃及记》研究会毕业生来说，性欲望的烧灼就是欲望的烧灼；所以，在它的最严格和微妙的意义上，"被医治好了的"同性恋者就成了宗教虔诚的滑稽信使。

对马克思来说，"宗教只是虚幻的太阳，当人没有围绕自身转动的时候，就围绕着这个太阳转动"（鲍特莫尔，1963，44）。否定性欲本身肯定是一个自我否定的范例，这种自我否定意味着对这个太阳所代表的形而上世界的奉献；而这太阳的权力则来源于它是"绝对"和"赦罪"的象征，因此，它控制着一种"逻辑"，在此逻辑中颠倒了的世界获得了其意义（鲍特莫尔，1963，43）。这种对人的身份（性乃是人的一个本质身份）的否认造就了宗教的太阳，自我意识之重担的拯救就围绕着这个太阳而旋转。

从一个马克思主义者的角度来说，这种逻辑既是荒谬的，也是循环的。因为，"绝对"的概念所提供给颠倒了的世界的只是这个"太阳"，羞怯的开化了的自我意识围绕着它旋转，以竭力填满某种需要；而这种需要被创造出来就是为了证明世界的颠倒。但是，使人成为一个真正信仰者的唯一需要是来自恐惧和希望的心理力量，也就是说，是逃避诱惑的需要和潜在的获得拯救的需要。世界的颠倒就这样通过绝对者的命令完成了，这种命令是最真诚的信仰者都无法说明的——对马克思主义者说来，这种对自我意识的全盘否定只有通过实践才成为可能。这一逻辑的谬误是显然的：对肉体的否定就是对生命行为的否定；在颠倒了的世界中对罪赦的需要，就是要求对生命本身的弃绝。

因此，马克思主义者将宗教当作一种鸦片是不足为奇的，因为它提供的是一种在非现实性中生存的万灵药，它要求的只不过是对一个绝对者的无条件的奉献；而这个绝对者的能力（全能）、知识（全知）、善（全善）是在"一个人类的虚幻的实现中"得到肯定的。（鲍特莫尔，1963，43）荒谬和不可思议的是，颠倒了的世界的类存在物渴望的只是积聚彼岸世界的价值的此世证据，达到一种只是自我羞辱的先决条件的自我意识，将它的唯灵论的荣誉问题与它忍受生命的能力相等同。同样不足为奇的是，这样一种虚幻的实现在比生命更大的十字架——它使几乎任何别的宗教派别对神的礼拜都黯然失色——上找到了最完美的代表。

这样看来，宗教根本不是把人看作一种类存在物，而是看作一种由栖居于世界之外的非物质灵魂来代表的非人格非个体的抽象物。（鲍特莫尔，1963，43）在他的《黑格尔法哲学批判》导言（鲍特莫尔，1963，43—59）中，马克思坚持认为这样一种精神衰弱的状态实在是非常令人厌恶的：

> 反宗教的批判的根据是：人创造了宗教，而不是宗教创造了人。就是说，宗教是还没有获得自身或已经再度丧失自身的自我意识和自我感觉。但是，人不是抽象的蛰居于世界之外的存在物。人就是人的世界，就是国家、社会。这个国家、这个社会产生了宗教，一种颠倒的世界意识，因为它们就是颠倒了的世界。宗教是这个世界的总理论，是它的包罗万象的纲要，它的具有通俗形式的逻辑，它的唯灵论的荣誉问题，它的狂热，它的道德约束，它的庄严补充，它借以求得慰藉和辩护的总根据。宗教是人的本质在幻想中的实现，因为人的本质不具有真正的现实性，因此，反宗教的斗争间接地就是反

○ 　对以宗教为精神抚慰的那个世界的斗争。(鲍特莫尔，1963，43)

反宗教的斗争，就是反对一个被罪（它的行为不仅无可回避而且还提供了一个百科全书式的证据概要）的观念所支配的世界的斗争。这是一种重新建立人的历史和历史性的斗争，类存在物的本性是由历史性来决定的，而历史性则把自身表征为对宗教神圣目的论的抗拒形式。宗教神圣的芳香其实是一种死亡气息，却被误认为是生命的抚慰。

马克思写道："对宗教的批判就是对苦难尘世——宗教是它的神圣光环——的批判的胚芽。"（鲍特莫尔，1963，44）也就是说，对人类生存处境的批判必须从对作为这个世界的一般理论的宗教开始；宗教是颠倒了的意识——浸泡在它的忠诚的苦难之中——的神圣光环（"合理性和荣冕的成就"）。对马克思来说，从这种颠倒了的意识中解放出来，要从对神圣光环的幻灭开始，而这种解放具有辩证的特征："对宗教的批判使人不抱幻想，使人能够作为不抱幻想而具有理智的人来思考、来行动、来建立自己的现实，使他能够围绕着自身和自己现实的太阳转动。"（鲍特莫尔，1963，44）

对彼岸世界的幻灭——对颠倒了的宗教的自我否弃的世界的解脱——尤其是辩证的，因为它寻求重新获得一种人类自由的物质条件：这种自由是在实践中发现的。这是第一次在通向人类价值重估的荆棘之路上的突然停顿。与将自由和从肉体的解放相关联，将价值和不可言说的他者即绝对相关联的做法相反，马克思主义者的批判将自由与宗教所否弃的东西相关联，即是说，按照我们人类的形象重塑物质世界。马克思主义者批判的目的，是将人类从宗教否弃的异化"逻辑"中解救出来，把人类自身重建为"太阳"，历史地发生的自我意识和人的历史性围绕着这个太阳而转动。无论如何，即使撇开人文主义传统不论，马克思的目标是将人的身体重新确立为生命行为——它的目的是物质化的自由——的场所。

去掉幻想是通向解放的第一步，因为它奠定了人类超出仅仅是理解世界的基础。马克思切中肯綮地写道：

> 因此，真理的彼岸世界消逝之后，历史的任务就是确立此岸实践的真理。人的自我异化的神圣形象被揭穿之后，揭露具有非神圣形象的自我异化，就成了为历史服务的哲学的迫切任务。于是，对天国的批判变成对尘世的批判，对宗教的批判变成对法的批判，对神学的批判变成了对政治的批判。（鲍特莫尔，1963，44）

如果哲学的立场不仅仅是认识世界而且还要改造世界——使世界人性化，那么，第一步就是清除那些影响人类生活物质条件的政治结构批判的地基。因而,"反宗教的批判"的目的,就是围绕类存在物的生命行为——与围绕一个虚幻的绝对者的固定旋转相反——重新定位人类自我概念的世界。而宗教提供了一种原始模型,通过它,自我异化成为可能,对各种各样的世俗形式的异化的批判只能从这里开始。正如我们将要看到的,资本主义消费将要取代宗教热忱的麻醉功能;资本主义在不和谐的自我伤害的舞步中,实行工资劳动(雇佣劳动),这种劳动由周末领取的有限报酬——汉堡与啤酒——所支撑,同时催生了工人阶级;星期一上午,所有人按时整整齐齐地接受检查。

分　　工

对马克思来说,"意识一开始就是社会的产物"(《德意志意识形态》,51),因为维持生存所必须的行为方式本身是一种将人的类存在从其他动物中区分出来的交往方式。马克思写道,"人"意识到

> 必须和周围的人们来往,也就是开始意识到人一般是生活在社会中的。这个开始和这个阶段上的社会生活本身一样,带有同样的动物性质;这是纯粹畜群的意识,这里人和绵羊不同的地方只是在于:

○ 意识代替了他的本能，或者说他的本能是被意识到了的本能。(《德意志意识形态》, 51)

将人从非人中区分出来的，不是因为人具有一种非人所没有的特别的东西，即一种精神或灵魂，而是因为人类"意识取代了动物本能"。尽管人的物质需要、本能和行动的效果的事实确实将我们人置于一个与其他种类的感性生物一致的连续体中，但由于我们人能够意识到我们实现这种需要而用的工具，我们被赋有支配或超越我们所遭遇的限制条件的更好天赋。正如马克思所说的："动物只生产自身，而人再生产整个自然界；动物的产品直接同它的肉体相联系，而人则自由地对待自己的产品。"(《1844年经济学哲学手稿》, 97)因此，人的类存在是由其克服直接性的能力来决定的，这种能力不仅表现在行动上，而且还表现在抽象或形成概念的能力上。由于能够构想"自然"和"自我"，"人"生产整个自然界。

在历史记载了人的需要的满足的意义上，历史记载的是它自己的基本条件的出现过程，即人的新需要的发展；这种新需要的基础是生产的剩余、对子孙的欲望与繁殖、原初的和后来的分工以及这些劳动之间的相互关系。马克思说道："已经得到满足的第一个需要本身、满足需要的活动和已经获得的为满足需要用的工具又引起新的需要。这种新的需要的产生是第一个历史活动。"(《德意志意识形态》, 49)需要的满足与历史条件之间的关系是辩证的，因为需要的满足同样是人类生存的先决条件，它同样限制那些"生命活动"——由于这种活动，实践作为一种"自由自主的活动"才是可能的（《1844年经济学哲学手稿》，113），从而，一种指向未来满足的新欲望才能形成。由于自由活动的可能性是通过对"纯粹的"意识的超越，即"纯粹的"意识成为对需要及其满足的可能性的意识而获得的，这种新欲望同样是历史的。

人的第一个也是最重要的需要是"繁殖他们的族类"的欲望（《德意志意识形态》，49），这种繁殖是通过由男人和女人构成的最基本的社会关系来实现的，而男人和女人与他们的孩子一起构成家庭。（《德意志意识形态》，49）在恩格斯的哲学人类学著作《家庭、私有制和国家的起源》的启发下，马克思论证说，分工与性行为一样是"自然的"，只是

> 由于生产效率的提高、需要的增长以及作为前二者基础的人口的增多，这种绵羊的或部落的意识获得了进一步的发展。与此同时分工也发展起来。分工起初只是性交方面的分工，后来是由于天赋（例如体力）、需要、偶然性等等而自发地或"自然地产生的"分工。分工只是从物质劳动和精神劳动分离的时候起才开始成为真实的分工。（《德意志意识形态》，51）

马克思将异性性关系假定为人类社会关系的典范形式——它以随着"性行为"出现的自然分工为特征；即使在同情马克思的宏图大志的女权主义理论家之中，马克思的这一看法也成了她们批判的主题："类存在"把我们交付给一种以性别来分类的分工了吗？唯物主义将我们交付给一种"自然的"定义了吗——在此我们被赋予欲望或者性欲天赋的形象？两性关系是类存在物的本质关系或者仅仅是一个人类可塑性的历史证据？也许，最为重要的是，马克思所设想的以两性为基础的分工是对男性或父系统治的默认吗？

看起来，诸如此类的质疑与对马克思的劳动概念的精心阐述的目的无关，但事实并非如此，这些问题确实至关重要。因为资本主义的历史行程直接从此演化出来——在其中，"自然禀赋"成了资本主义剥削的生产原型。在此人们可以反对说，以性别为起点的原始分工显然只切合于马克思主义者对资本主义生产发生的论述，而从关于劳动者的相对立场不能获得更多的推论；比如，瓦尔马特（Walmart）的"社会"，不是根据性别，而是根据年龄来确定的。

但是这种反对是不能令人信服的。瓦尔马特的"工人"是按照一种有组织的等级结构被雇佣的，并按照这种等级结构被支付报酬；瓦尔马特的"社会"具有分工的印记，这种劳动的力量是从平等的系统安排得来的（正如它的管理机构所说明的）。就是说，这种安排不仅是异性的而且是以男性为主导的。剥削雇佣劳动的压迫情形是从以性别和父系统治为起点的分工的火炉中锻造出来的，而马克思却似乎把它归之于"自然倾向"。

因此，问题在于马克思是否正确。我认为，为了弄清楚这一点，有必要搞清楚马克思的分工构想与他的类存在物概念的其他方面是否一致。事实上，它们之间是不一致的。我认为，某些范围的模糊性伤害了马克思的性别分工理论：当马克思将两性性关系默认为是一种劳动——它的划分构成一切后来分工的原始模型——的时候，他对"自然的"（natural）一词的使用与他将劳动定义为实践的方式是不一致的。

实践的最本质的含义是"深思熟虑的目的性"；就是说，实践是类存在物的创造性的或自由的劳动，而类存在物的自我意识则通过劳动才成为可能。以性别为起点的分工是作为一个对"自然禀赋"的反应而自发地出现的，因而，事实上它不能代表一种真正的分工，而只是一种分工的萌芽状态。因此，按照马克思自己的说法，它不可能是自由的。无论用其他什么东西来说明"性行为"，但就马克思预先把它从"物质劳动和精神劳动"的王国中排除了出来这一点来说，马克思已经把它从一种实践的形式中排除了。正如他所说的，只有当人进入自由的创造性劳动时，"意识才能摆脱世界而去构造'纯粹的'理论"（《德意志意识形态》，52）。坦白地说，两性的性关系是意识的一个先决条件，但不是意识的一个例证。再者，只有在认识到这种原始分工不能代表真正的分工的时候,"人"才能把"它自己"从直接性——表现在它自身被等同于肉体即妇女之中——中解放出来。

在这里,马克思至少在两个重大方面是不一致的:首先,我们应该如何将性别分工设想为真正的劳动分工?作为"自然"的"性行为"几乎不能说是自由的,但它也不能说是不自由的;因为首先,欲望所指向的是有意识地生产未来的人类,这种"有意识的意图"是一种将人类的生殖繁衍从非人的性关系的直接性中区分出来的选择;其次,对马克思来说,因为性的分工包含着最基本的"生命活动",因而决定着最基本的人类社会关系即两性的结合,它是分工的范例。然而,如果马克思是对的,即意识是社会的第一个产物,那么意识是如何从一种显然不是真正劳动的生命活动(即性活动)中生发出来的呢?这一点仍然不清楚。这种理论最后留给人的是这样一个很难令人置信的意象:一个人拿起一支香烟,然后居然认识到那促使他伸向万宝路香烟的东西就是那将他从动物中区别出来的东西。

马克思对"自然的"一词的引号的使用使得问题更为严重,它赋予分工概念的模糊性对马克思定义"商品""私有财产""异化"诸概念具有重大的哲学影响。但无论如何,我们也许可以从另一个角度做一个尝试,希望从马克思的不一致和矛盾的余烬中拯救出那最具洞察性的东西:物质劳动和精神劳动的区分使劳动自身沿着四个重要的生产轴心而分化：（1）通过满足需要而进行的物理自我的生产和再生产（因而也是劳动能力的生产）；（2）实践对象的生产；（3）人与他人之间的关系的生产；（4）由其子孙以及为养育他们的子孙所需要的未来劳动所代表的自我的生产和再生产。对马克思来说，问题的关键是双重的：首先，这些关系的每一种对自我、对象、他人或者未来而言都意味着必要的劳动投资——它的价值直接地或间接地来自这种劳动作为实践的实现的程度；其次，每一种劳动与其他劳动的关系既是一种概念上的关系，也是一种实践上互相依赖的关系。

在其最基本的意义上，正是这种互相依赖的关系为马克思的观点提供了最貌似有理的辩护。马克思认为，劳动的性别划分——即使不必然地是父系统治的——是分工的范例，因为它至少包含了所有这四种形式的生产的可能性。由于性别分工植根于人的需要之中、潜在地是创造性的、内在地是社会性的并且指向未来，它可以被解读为一种对生命活动而言是如此基本的人类关系的形式；对实现这种生命活动的可能性的疏离（异化）就是对类存在物及其历史性本质特征的疏离（异化）。考虑到"异化"在马克思对资本主义非人性化后果的分析中扮演的角色，要高估这样一种辩护的价值是困难的。

问题在于马克思没有选择这一劳动分工模型，尽管（1）它可以有助于加强马克思在他一针见血的资本主义批判中捕捉到的关于"异化"的说明；（2）它提供了一个不公开歧视女性的类存在物和劳动关系的模型，比如，低工资和妇女的劳动条件，对不付报酬的家务劳动的滥用、妓女和代理母亲；（3）它准备了一个和类存在物与非人自然的辩证关系更加吻合的劳动分工；（4）它暗示了可能的性分工的不同排列——其目的是实践（即使就其本身而论不是为了繁殖）。

如果马克思是正确的，而性分工不是"真正的分工"——"真正的分工"是被那视为是"精神劳动"的东西所决定的，而这种精神劳动又以劳动者的物质条件的维持为前提；那么认识到作为类存在物的特征的自由的机会：（1）对妇女来说是严重地减少了，以及（2）呈现出马克思在其宗教批判中所拒斥的二元论的面貌。因为当不被其他实践所拖住的时候，在性生产（怀孕和养育）中妇女扮演的角色倾向于将她们交付给物质—精神划分中"自然的"一边，在肉体一边的是生育后代，因而妇女很少有闲暇来进行其他实践活动，妇女的工作作为精神之发生的先决条件的容器，事实上从无可能完成过。

因为对马克思来说，只有那些能够从他们自身、从他们的劳动以及其他东西中分离出来的生物才可能是充分自由的。唯一显然合格的候选人只能是那些已经占据了物质—精神二元论和西方传统精神的人。假定了这一心照不宣的二元论，交付给"自然的"一边的东西就不能够充分地分离出来，因而也就实现不了自由。不仅作为一种具体体现，而且作为一种身体，妇女模糊地占据了大地母亲（Terra Materna）的身份，即意识诞生的生态学意义上的条件和基础（无论是从字面意义还是从比喻意义来看）；在此意识中，妇女在其与男人（他决定她在类存在物中的地位）的关系中似乎只能代别人受苦地参与。

2

On Marx ———————— 劳动和异化

资本主义商品交换

在其最基本的意义上,资本主义是一种经济交换的形式,它的前提是通过对资源、劳动、货物和服务的竞争,即对商品的竞争,从投资中获得利润。一个商品可以是任何东西,比如,电话、由电话操作者所提供的服务、利利斯博览会、科罗拉多河的资源或者诸如采煤等劳动。使一些东西成为商品的是它的可出卖的有用性,这种有用性本身与其说是它的固有价值的产物,毋宁说是市场价值的产物。事实上,固有价值的概念被同一产品的大批量生产取消了,同时,在价值是由消费者的需求——它本身受到由大生产所保证的可获得性的影响——来决定的意义上，固有价值的概念也被取消了。

然而，事情并非常常如此。马克思说道，在早期人类社会，价值是合作的直接产物，而合作本身只能是竞争和对抗关系的产物：

> 一方面，劳动过程中的合作基于对生产工具的共同拥有；另一方面，是基于这一事实之上，即个体还没有从与部落或共同体的联系脐带中脱离开。人与个体蜜蜂一样还没有将它自己从与蜂群的联系中解放出来。（鲍特莫尔，119）

与蜜蜂一样，在原始共产主义社会，交换价值是以构成社会或"蜂群"的特征的关系的总和为前提的。交换价值本质地内在于这些关系，而不先于有某种东西可附加其上的有用性，它也不是根据任何其他价值标准（比如由货币所代表的东西）被分配的。一块地的价值来自于它的内在肥力；一根针或一件工艺品的价值、狩猎技术或食物贮备的价值也一样。合作不是出于从外部强加的对熟练的爱好，合作在生产剩余额之外还有另一个目的，即对这些关系的肯定；价值在其来自于社会关系（它本身与工资一类的外在来源相对立）的意义上，是本质地内在的。

然而，在一个没有任何事物、事件或关系能处于商品交换

劳动和异化　033

范围之外的世界里，价值有了一副非常不同的面孔。在一个每一个人都可以喝可乐、抽万宝路、拥有宝石，希望喝香槟，抽昂贵的雪茄或拥有英国花斑猎犬的世界里，几乎没有东西留有令人伤感的"内在的"价值的痕迹了。对某些犬儒主义者来说，人们可以注意到诸如"内在的"这样的概念已经被市场买卖运动（包括从染发到牛肉热狗的一切东西）据为己有了。黛比尔（DeBeers）可以提供此类占有的范例：她将钻石作为必需品来购买，以用于几乎任何重要的场合。在此，重要性是根据所欠的债务来衡量的，根据月入的多少来决定是否购买作为感情忠诚之显示的钻石。

然而这样的估价看起来是循环的，我们知道甲壳虫乐队的歌词是错误的：金钱能够而且确实买到了爱情。事实上，浪漫是一切社会关系中最商品化（最可购买）的东西。如果没有我们现在所谓的"专项基金"，爱情——至少是它的最市场化的版本——要么是不可求的，要么是"廉价的"。在这里，语言是可以给我们启发的，因为在价值被交换所决定的任何地方，"内在的"（inter）就转向"外在的"了。因为不能被购买，"无价之宝"才成为"无价的"。因而，显示为循环的东西实际上是辩证的。因为，在资本主义文化中，可以作为感情或者任何两性吸引的开端的东西，只有通过商品交换——作为爱的标志物的鲜花、晚餐、电影等的购买——才能被传达，才成为真实。现在，原初的吸引——通过其标志物表现为真实——被它的唯一版本（可以购买的、皱着眉头等待第一个周年纪念日的、当这种关系结束时要"财产划分"的版本）所取代（如果不是忘却的话）了。

无论我们多么希望，甚至需要相信事实是另外一种情形，但商品的可买卖性仍然适用于劳动，与它适用于劳动产品一样；从而也适用于劳动者本身。比如，想一下求职会见的情形：为了保证我自己现在作为教授的位置，我相当详尽地推销自己，希望在200名竞争者中被选中——夹着公文包、穿上灰色的呢夹克和衬衣、严肃而又态度可亲、富有竞争力但又不具威胁。或者想一下麦当劳快餐为它的工人们提供的便利：不再要求将书写能力作为被聘用的先决条件，最低工资水平的劳动力购买使得它的职工们只需略通文字遵循规矩而已。但是无论标准多低，将自己作为一个最适于完成一项工作的工具出卖的"心甘情愿"构成了在资本主义社会生存的首要义务。

在这样一个系统里面，利润是根据相关资本的眼前价值来决定的，而作为货币和交换中介的资本的价值则来自于其代表商品的能力。比如，一美元纸币可以代表一瓶可乐、半包万宝路，或者在一个宠物身上的原始投资；它可以代表父子之间象征性的汽车买卖、代表一个表示欣赏和侮辱的行为；它可以洗涤后仍被使用，可以被粘在墙上16年之久，可以被非法地使用也可以被合法地使用。进一步说，货币在其可以被交换、保存、支付等意义上本身就是一种商品——只要它不失去所代表的价值。然而，无论情形如何，拥有货币意味着利润，只是因为它的获得要么是由于一次赚钱的买卖，要么是一项继承来的财产；即使做贼也需要劳动。因此，马克思表明，商品交易以社会分工的发展为先决条件，即以资本所有者和劳动所有者的关系为先决条件；通过这种关系一切价值转变成为交换价值，通过这种关系一切成功都以是否获得利润来衡量。（鲍特莫尔，1956，176—178）简单地说，奥林匹克运动员可以在竞技场上获胜，但他们只能通过产品认可而成功。

货币和分工

尽管是一种必要条件，货币的出现本身并不表示资本主义的出现。马克思认为，资本主义的历史条件绝不是仅仅由"货币循环"给予的（鲍特莫尔，1956，176—178），"只有当生产工具和物质资料的拥有者在市场上与出卖他的劳动力的自由劳动者相遇时资本主义才兴起了——这一历史条件包含一个完整的历史阶段"（鲍特莫尔，1956，176—178）。在资本主义的进程中，生产工具，包括生产场所、原材料、设备、劳动以及一个统一的市场，在货币循环之外起了决定作用。因为对这些工具的占有不仅是资本主义企业发展的先决条件，而且还是一种新型社会关系即货币拥有者或资本家与"自由劳动者"

之间的关系出现的前提。"自由劳动者"自身的价值来自于他"将自己的劳动能力处理为他自己的商品"的能力，或者是因为"没有其他商品可以出卖——缺乏实现他的劳动能力的任何外在条件"（鲍特莫尔，1956，176—178）。

不再会有（如果曾经有）一种被如此巧妙地设置的所有者的相遇，正是这样一种关系的出现（劳动力所有者和资本所有者的相遇）决定了资本主义的地位。不是因为任何自然的优越性，而毋宁是因为历史的好运——这种好运是由伴随着"整个一系列社会生产的古老形式的绝迹"而出现的早期经济形式促成的（鲍特莫尔，1956，176—178）——资本家获得了生产工具，然后获得了劳动者所没有的相当的经济能力。这种能力不仅来自于物质条件的优越，而且来源于使资本家成为价值的主要决定者的历史条件。这种新型的社会关系就这样被以互相依赖为特征的不平衡所决定：首先，被劳动者作为"资本家的资本存在的生产模型"（鲍特莫尔，1956，136）所代表的东西如利润所决定；其次，被资本家对劳动者来说所代表的东西，即选择劳动机会的"自由"（如此以求生存）所决定。对资本家来说，劳动者代表着财富；对劳动者来说，资本家代表着生存。

显然由于被实现自身生存的需要所限制，"自由"劳动的含义被重新定义了：不仅"自由"被减少了，而且它与把人从其他类存在物中区分出来的实践劳动相对立。以交换为中介的劳动的价值不是变少了，而是增多了，因为它能被直接地转化为工资，即转化为一种中介——其"存在的理由"是它代表了一切商品化了的劳动。劳动者和钻石一样具有被外在地赋予的价值。"自由"劳动在经历了从创造一个"世界"（如历史性）到再生产生存条件的转换之后，现在它要么必然成为一种胡说，即不再是真正自由的劳动；要么根据这种新的社会关系被重新定义。劳动者具有维持生存（如果不是生活的话）的"自由"，资本家具有剥削劳动者的生存条件的"自由"。

按照马克思主义者的论述，资本主义不仅仅是一种经济形式，在其具有彻底和永久地改变一个人与劳动、与自我、与他人、与将来的关系的意义上，它还是"划时代的"。例如，请回想一下工厂劳动者的境况。17岁时我去犹他州的德撒瑞制药公司工作，有两年的时间我每天制作婴儿用的静脉注射针包；细小的针经过试针孔的检验被装进塑料注射器之中，然后我再小心翼翼地用塑料盖盖好，轻轻地将30个注射包（每包36根针）抛到传送带上。一周6天，一天8小时，每小时2.56美元。在一周48小时内，我与劳动的关系被机器传动所控制：整个过程需要我的身与手、我的双眼，需要弯着背在岗位上调节明亮的杀菌灯灯光——为了完成工作份额，我必须看清楚试针孔。

如在露天足球场工作的每一个工人一样，我努力完成我的工作份额。我穿着每一个同事都穿的消过毒的蓝色工作服，举手提针，与我的更为熟练的岗位同伴相配合，调笑我们如何互相之间的不认识——除非我们抬起头来看,用同样单调的语调说说工厂里的飞短流长。我租房子,买便宜食品和公交车票,为我的手买些普通的保护品。我努力不思考任何东西,并且学会了像水手一样骂骂咧咧。

我与他人的关系:由一个紧急情况所促成,我成了工人阶级的一个非常年轻的妻子——当我丈夫在他的货车上时,我在家里为他做饭洗衣。我学会了如何用啤酒忘却我的工作,与我的婆婆一起将花生捣碎,在星期六晚上看《爱之舟》电视节目,等待着星期六的到来以便我可以给在600英里之外的科罗拉多的母亲打电话,然后无缘无故地痛哭一场。我学会了如何围绕着公交车的线路、对婚姻的期待和各种小病小痛将家庭以及工厂生活谱成一首管弦乐曲。我有了一对双胞胎孩子。在我的"私人的"和"公共的"生活中我明白了我可以成为一项任务的职员——任务的实施不需要什么技巧。我设法工作半天,因为需要钱。学会将针头装起来不需要什么技术,我的长长的手指会帮我忙;同样完成我的家务也不需要什么技术,长期受苦锻炼出来的耐心会帮我。

马克思说,资本主义大生产排除了独立的个体人格,而有利于"取代能力",即有利于一种组织形式——它对劳动力的剥削通过指定性任务对创造性劳动的取代被最大化了。正如马克思所概括的:

将个人与物质因素结合在商品中的现实过程,即生产过程,就这样成了资本的一个功能,一种资本主义生产过程。商品生产的每一过程同时是一个对劳动力剥削的过程,但商品生产的资本主义模式是第一次成为划时代的剥削模式;在其历史发展过程中,通过将它的巨大的技术进步与劳动力组合在一起,这种模式改变了整个社会的经济结构,并远远超过以前的各个时期。(鲍特莫尔,1956,135—136)

在更大的程度上来说,劳动者现在仅仅被等同于"个体因素"或商品生产的"劳动力"因素,它在资本的历史发展过程中消失了,而资本的价值远远超出了它的任何作为手段的特殊特征。对公司来说,我离开制药公司去做一个全职母亲绝不是一件值得记忆的事情,因为我只是一件商品,完全可以被取代;在机器发展的过程中,人任何时候都是一样的价值,或者,正如马克思所说的,与一匹马没有区别。马克思写道,国民经济学能够提出这一论点:"劳动者应当和牛马完全一样,只得到维持他的劳动所必须的东西。国民经济学不考察不劳动时的劳动者,不把劳动者作为人来考察。"(《1844年经济学哲学手稿》,72)实际上,对于许多劳动者(尤其是妇女)来说,不工作其实是另外一种类型的工作,它被同样的限制——时间、金钱和家庭责任所决定。

劳动者抛弃任何人格权力成为大生产的工具之后，他只能在那个连接点上重现——在此，"他的"劳动能力的再生产所必需的东西成了"他的"消费的目的，即他只能在他的需要被商品化的地方重现。确实，缺少一瓶可乐与需要一瓶可乐之间的差别被消费者与产品的同一抹杀了。转瞬即逝的"寒冷"念头所捕捉到的东西确实需要天才的创造。资本主义劳动的相貌不是一张脸，而是两张脸：生产者和消费者；这一双重面孔的关系是辩证的，不仅仅是因为它们中的每一方都互为必要条件，而且还因为劳动者对实践可能性的疏离（异化）是如此适合于促进消费。

换句话说，无论在何种程度上，劳动者的价值都被等同于工资，他被与任何工资能购买的东西——即那些使别的东西个体化却不使劳动者个体化的商品——相等同。可乐、万宝路、岩浆灯和宝石等等可能成为我的消费目标的东西，当然是由别的工人生产的；他们只能被产品、工资，也许还有资历个体化，他们可以被期望用与我一样的方式购买他们的"人格"：只喝可乐，而且只是瓶装的那种，只为我丈夫买万宝路而不是维斯顿，只选择蓝绿色的而不是红黄色的那种岩浆灯。点点滴滴都像我的公司的马球衫上的图案一样个体化。同时作为生产者和消费者，我与自己的关系是辩证的：通过取消个体性的方式（即消费），肯定我的个体性；同时征服那些使我的个体性成为可能（通过将我的价值与我每周生产的份额相等同）的条件。

在马克思主义者看来，生产和消费的辩证法说明了商品是如何构成这一"划时代的剥削模式"的经纬线的。开着一辆新福特车驰向工厂，戴着粘上商标的太阳镜或者戴着无檐帽的一支官方棒球队的体育运动，诸如此类都显示了资本主义在何种程度上成了经济景观和"心理结构的地形学"的普遍特征。不用奇怪，劳动者时刻准备着用与物质财富的展示相联系的身份取代久已被忘却了的或者已只是一种周末爱好的"实践"；后者看起来只是一种"坏的信仰"，或者"坏的意识"，即对真正实践劳动来说的一种借口——而这种实践在从货币的流通到工资劳动的初次登台的过渡中被排除了。

与此相一致的是，资本家到达了这样一种地位：它事实上既不比工人（劳动者）更少可被取代也不比工人更少被异化，只不过，虚饰的消费展示更好地掩盖了它的真实情形。"自由"的公开展示现在被等同于奢侈的不顾一切的商品消费（如香槟和昂贵的雪茄），通过将"他的"自我转化成一种对价值的偶像崇拜的或被强制的行为，资本家成了一切商品化的缩影。资本家与他人之间的关系由此构成。有人说成功的资本家对雇员是慷慨大方的，比如给雇员发奖金，送他们到郊外野餐，诸如此类。对于这种说法的显见的回答是，这种行为只不过加固和强化了资本家作为资本家的地位。这些花费，包括慈善捐献和捐赠，似乎是一种慷慨和浪费，实际上只是一种保持权力和声望的连续性的投资。

资本家就是这样一种典型的商品，它对于劳动者所代表的价值在资本主义生产的每一个层次上都刺激了竞争；资本主义生产为劳动者创造了使他成为一个对"他的"自我、他人以及自由实践的可能性而言的异己者的条件，劳动者成了一个与"人的类存在"相异化的存在物。麦当劳的老板唐纳德（Donald）并不比他的工人更少被异化，他只不过享受了更有效地忽视这种异化的奢侈而已。不用饥肠辘辘，不用因家务而双手龟裂，不缺少性、技术，以及随时可以出去旅游散心。唐纳德享受着抱怨的奢侈——抱怨那些爱情骗子（众所周知的"淘金者"）使他的生活如何困难。有意思的是，德撒瑞制药公司的码头工人们还在贪图争取达到这种"错误意识"水平的机会。一个如此错误的意识还没有被认识到是什么东西，除了它存在之外；这是令人悲伤的。

异 化 劳 动

在"劳动的工资"和"资本的利润"两章中，马克思将资本家与工人的关系描述为"敌对的斗争"，"胜利必定属于资本家"。（《1844年经济学哲学手稿》，65）对于这一斗争的认识的关键是双重的：首先，这种敌对关系的原因不是厌恶，而是渴望。即是说，工人和资本家之间的斗争不是因为工人对资本家的财富的厌恶,而毋宁是出于劳动本身的必然性。因为无论如何,劳动者必须出卖"他的"劳动以换取工资维持其生存,进而,不仅仅是"他的"生存的愿望,而且还要实现他的渴望:获得由资本家所代表的相应之物——财富、地位和相对闲暇。正如马克思主义者亚历山大·柯耶夫(Alexandre Kojeve)所言,斗争是希求欲望的产物,希求得到强有力的他者所代表的东西:即消费的机会,它代表着资本主义经济中的"价值",而它事实上很少甚至没有可能被得到。(柯耶夫,151—152)

其次,对资本家来说,斗争的胜利必然是作为资本家自己生存的一个条件而存在。因为,在资本家依赖于劳动的范围内,"他"有赖于那些社会和经济条件的维持,这些条件保证投资的最大利润产出。对马克思来说,这些条件是通过工资来实现的,工资保证了劳动者的存在,使他(1)能够再生产"他的"劳动能力;(2)这种再生产是通过产品消费来实现的,产品消费不仅满足"需要",而且满足超出"需要"的欲望,从而使劳动者更积极更艰苦地劳动,因而(3)保证资本家的利润盈余,在此,"他的"竞争能力具体化在劳动者的消费之中。

劳动者希求得越多,资本家的力量自然变得越大,资本家对财富的代表刺激了一种不公平的比较,不仅仅是工人之于资本家的比较,而且还有无产阶级本身内部的比较。正如马克思所一语道破的,工人越努力劳动,"他"得到的越少;"他"

消费得越多,"他"越属于资本家;"他"希求得越多,"他"越少自由。

劳动者生存的希望就这样必然地成了资本家的胜利,因为它不仅保证了剥削的条件,而且保证了,在通过资本积累劳动者能够与资本家竞争(很少战胜)的地方,这些条件的阻碍物的出现。正如马克思所言:"工人降低为商品,而且是最贱的商品;工人的贫困同他的产品的力量和数量成正比。"(《1844年经济学哲学手稿》,106)劳动者越是努力工作以增加"他自己的"工资,资本家的利润越自然增加;资本家对生产的再投资扩大了"他的"财富,因而也不仅增强了他控制劳动条件的力量,还增强了他控制最有利于生产、升级、产品和服务的大量消费的社会和政治条件的力量。

这就是政治经济学的规律:

> 工人生产得越多,他能够消费的越少;他创造价值越多,他自己越没有价值、越低贱;工人的产品越完美,工人自己越畸形;工人创造的对象越文明,工人自己越野蛮;劳动越有力量,工人越无力;劳动越机巧,工人越愚钝,越成为自然界的奴隶。(《1844年经济学哲学手稿》,109)

这些规律的力量不仅是经济学上的,而且还是心理学上的,

劳动和异化 045

因为工资不再仅仅代表渴望或需要,在它代表可以购买的限度之内所欲的东西的意义上,它决定劳动者的渴望和需要。

由此看来,劳动者与"他的"对象的关系不可能仅仅是经济关系,还必然是无所不在的心理学意义上的关系。与他的肉体事实一样,劳动者(1)为实现他的需要必须工作;(2)必须能够用某种手段个体化"他的"自我,在此手段中需要可以被投资。马克思把这一心理学描述为"发狂似的":

> 工资的提高在工人身上引起资本家般的发财欲望,但是工人只有牺牲自己的精神和肉体才能满足这种欲望。工资的提高以资本的积累为前提并且导致资本的积累;因而劳动产品越来越作为某种异己的东西与工人相对立。同样,分工使工人越来越片面化和从属化;分工不仅导致人的竞争,而且导致机器的竞争。因为工人被贬低为机器,所以机器就能作为竞争者与他相对抗。最后,正像资本的积累增加工业的数量,从而增加工人的数量一样,由于这种积累,同一数量的工业生产出更大量的产品;于是发生生产过剩,而结果不是有很大一部分工人失业,就是工人的工资下降到极其可怜的最低限度。

这就是对工人最有利的社会状态,即财富正在增

长、增进的状态所产生的后果。(《1844年经济学哲学手稿》,69)

人们不必进一步寻求,以发现劳动者的"发财欲望"是被对资本家的嫉妒所驱动的证据,因为其原因在于为工资牺牲自己的精神和肉体的心甘情愿。进而,这种"发狂"不仅仅是资本主义心理学的偶然特征,而且是一个必然特征;因为它激发了资本家和劳动者之间的竞争——以便得到公开展示消费的更多机会。为争取工资的精神和肉体的牺牲,同样是一种价值的牺牲,这种价值直接地以"发狂"的成功来衡量,也即用工资本身来衡量。

这样一种动力学说明了马克思所说的疏离或"异化"的条件:既是经济学也是心理学上的条件,它使人成为一个对自我、对他人以及对决定人的类存在本质的实践相异化的异己者。因为,工资代表劳动者对"他自己"而言的价值;在"他的"作为一个劳动的生产者的能力中,工资也代表劳动者对他人而言的价值,即,作为一个在大生产之中的工人/机器,"他"在事实上和心理上都与"他的"产品相分离。在德撒瑞制药厂,训练的是使一个人的身体适应一种机械化的系列运动的操作,唯一需要做的决定就是计算一个人的身体与生产器具的关系;我测量我手臂、双手和肩膀及其距离,我使自己适应它。

马克思写道,"物的世界的增值同人的世界的贬值成正比。

劳动不仅生产商品，它还生产作为商品的劳动自身和工人，而且是按它一般生产商品的比例生产的。"（《1844年经济学哲学手稿》，107）。在药厂，这一"商品"是由一个劳动者可能完成也可能完不成的份额来代表的；份额是一个毫不模糊的衡量价值的尺度，它不仅决定一个工人是否长工资或升级，而且还决定他能否继续劳动的"权利"。马克思论证说，劳动的产品对于劳动者来说必定是不可认识的，因为"他"与产品的关系事实上和一架机器与产品的关系没有区别；他完全被作为一种生产资料来看待，从而他就被划分为"任务"——其价值是由生产的各部分和劳动的可取代性来决定的。劳动者成了无产阶级，成了机器上众所周知的齿轮，他的劳动所生产的对象——婴儿注射针、牛肉馅饼、自动车、课本或法律判决等等——作为"一种异己的存在物，作为不依赖于生产者的力量"来对抗"他"；劳动的产品成了这样一个对象：它的物化了的劳动不是代表劳动者的创造性，而是代表劳动者与资本家之间的奴役关系。

正如马克思雄辩地说明的，"凡是成为他的劳动产品的东西，就不再是他本身的东西。"（《1844年经济学哲学手稿》，108）。正因为人是类存在物，异化构成了劳动者与劳动对象的关系以及他与自然的关系的特征：

因此，工人越是通过自己的劳动占有外部世界、感性自然界，他就越是在两个方面失去生活资料：

> 第一，感性的外部世界越来越不成为属于他的劳动的对象，不成为他的劳动的生活资料；第二，这个外部世界越来越不给他提供直接意义的生活资料，即劳动者的肉体生存所需的资料。（《1844年经济学哲学手稿》，109）

对无产阶级来说，资本主义竞争的结果是劳动者首先必须作为一个劳动者而存在，即作为一个秘书、一个码头工人、一个试验技术人员、一个烤饼师傅、一个女佣、一个编辑、一个教师以及作为一个"肉体的主体"而存在。因为

> 他只有作为工人才能维持作为肉体的主体的生存，并且只有作为肉体的主体才能是工人。（《1844年经济学哲学手稿》，109）

这样一种悲惨循环的具体现实就是压迫。

作为阉割的异化

异化劳动的心理影响对工人来说是毁灭性的；工人的自我牺牲及其与消费对象的同一导致一种心理上的"摧残"（它与

宗教的心理摧残不同）——对一切真正的实践劳动可以保留的东西的摧残。劳动被体验为一种自我的丧失（或者根本谈不上发展），因此，结果是：

○　　人（工人）只有在运用自己的动物机能—吃、喝、性行为，至多还有居住、修饰等等的时候，才觉得自己是自由活动，而在运用人的机能时，却觉得自己不过是动物。动物的东西成为人的东西，而人的东西成为动物的东西。(《1844年经济学哲学手稿》，111）

根据马克思，这种非人化状态所包含的特征是多重的：首先，无论在何种程度上，工人的劳动生产的对象对"他"来说是"异己的"，是资本主义权利不平衡的表现，劳动对象反映了劳动者的无权状态和对劳动者自己而言的相对价值。异化了的生产对象使劳动者对"他自己"仅仅表现为劳动，因而是一个生产过程中的可取代的特征——一架机器。他的人的面孔已经完全被作为这一过程的痕迹（如果不是一个潜在的阻力的话）抹去了。

此外，在不牺牲它的存在所必需的效率和便利的前提下，资本主义大生产不可能有其他的情形而还能保持它的"大"的特征。因为对象不仅对劳动者表现自身为"异化的"，而且表现自身为"大"——它的可欲不再被局限在需要生产它的劳动的范围之内，而是被维系于"整个的"吸引力之上，即是说，被维系于无产阶级对劳动对象的消费的竞争之中。在对象的异化被诸如"时尚""时髦"和"生活方式"等等观念所显示的整体吸引力缓和的意义上（如果不是完全被封住的话），这种竞争可以被很好地描述为"疯狂"。设定了消费劳动对象所需要的精神和肉体的牺牲，劳动者与由此种观念所表现的对象的关系只能是疯狂。

其次，在劳动者根据他的异化了的劳动来决定他的价值的意义上，"他"与决定其类存在特征的生命活动相异化。马克思写道：

> 我们从两个方面考察了实践的人的活动即劳动的异化行为。第一，工人同劳动产品这个异己的、统治着他的对象的关系。这种关系同时也是工人同感性的外部世界、同自然对象这个异己的与他敌对的世界的关系。第二，在劳动过程中劳动同生产行为的关系。这种关系是工人同他自己的活动——一种异己的、不属于他的活动——的关系。在这里，活动就是受动；力量就是虚弱；生殖就是去势；工人自己的体力和智力，他个人的生命（因为，生命如果不是活动，又是什么呢？），就是不依赖于他、不属于他、转过来反对他自身的活动。这就是自我

○ 异化，而上面所谈的是物的异化。(《1844年经济学哲学手稿》，111—112)

工人与生命活动的关系、与"他的"生命最本质和亲密者的关系和他与"他的"劳动的关系一样，成为异化的了。而"吃、喝、性行为等等，固然也是真正的人的机能。"但它们的实现的条件不属于劳动者的事实，影响了它们从实践的手段到实践的"终极目的"的转化。(《1844年经济学哲学手稿》，111)

根据他的性别分工的概念，马克思将异化（至少是间接地）与阉割相联系是不足为奇的。显然，马克思将劳动者等同于男性，因而阉割可以很好地说明劳动者与其生命活动相异化的体验；作为分工的起源，这种生命活动将人从非人的动物中区分出来，并保持其仍为一种"真正的"人的机能，即异性性关系。在资本主义甚至使"生育"成为异化活动——由于再生产的需要是可取代性的劳动，因而它是可剥削的，但由于其可剥削性，又被认为是卑鄙的——的意义上，阉割描述了资本主义造成的最糟糕的可能后果。

使马克思关于异化的分析发生动摇的是，他没有将生殖包括在实践的可能性的范围之内，而是公开地将它作为实践的必要而非充足条件排除了，妇女是否也能成为"异化的"的问题仍然悬而未决。假如异化本身正是以从事被认为是反实践但内在于妇女（即生育）的生命活动的能力为前提，我们就可以问，妇女是如何被异化的呢？也就是说，由于妇女在生育中所扮演的角色，她们要么不能，要么没有"作为"妇女跻身于参与实践的行列，那么，在什么条件下妇女才能够被异化呢？

一个可能的回答是，即使妇女不能"作为妇女"被异化，她们必然能够作为劳动者被异化。如果妇女的劳动能力不仅仅如男性的劳动能力一样可以被买卖，而且，假定在父系文化中妇女已经体验过这种贬值的话，那么，在某种意义上妇女的被异化是有过之而无不及。然而，即使这种说法是正确的话，在妇女不可能体验被阉割的意义上，这一回答仍然是失败的。即是说，按照马克思的理论，男性显然可以作为男性被阉割；事实上，因为异化被体验为阉割，他们必须如此。看起来这是一个比较节制的建议：即妇女对工资劳动的体验不能用这种模式来说明。

另一个回答提示我们可以用一个适当的比喻性词语，即"丈夫气"；从"丈夫气"的角度，妇女可以说是被异化或阉割了。但这看来同样是不充分的，至少有两个理由：首先，因为男性的异化仍然是典型的，而妇女的异化则是推论的，是经过解释的；其次，什么东西可以被看作由妇女阉割所体验到的异化的类似物呢？这一点仍然是不清楚的。从一个自我意识——其文化意义可能在与一个"皮带扣"相同的价值水平上被估价——的核心方面异化出来的东西似乎是不连贯的和人为地设计成的。

简单地用"女人气"的丧失来取代"丈夫气"的丧失是不

劳动和异化　053

行的。即使我们退一步承认这一有高度争议的方法，即将女人气与女性相等同，将丈夫气与男性相等同；对于妇女的异化体验来说，也没有任何东西可以从这一相关中得出。此外，考虑到马克思关于妇女在生育中的角色的观点，妇女异化的情形看来更加阴暗模糊。资本主义异化的结果只能被那些能够实践的人体验到。但这显然不是妇女的真实情形：妇女被"自然"商品化为一种再生产的资源，因而是实践的条件而非主体，它与异化的关系至少是未定的（如果不是不能决定的话）。

对马克思来说，女人气显示自身为它自己的事实上的缺席：即使在最具剥削性的条件下，妇女在生殖后代和生活的条件两个方面所扮演的角色仍然保持不被改变。无论决定家外世界的特征的经济事实怎样，家庭仍然保持不变，它的基本结构是被自然的倾向、母亲的义务以及异于家长的兴趣所制定的。即使"他"只是在"他的""动物机能"的意义上"在家"，异化了的劳动者仍然保持了家庭事物——它自然有益于"他的"居所——的特权。就是说，无论什么服务（她不知不觉地提供的）装备"他"吃、喝和生育，无论怎样的非道德，这些东西仍然属于"他"。

而"她"，看来是不能从那些条件异化的。无论怎样被阉割或者被贬低为动物，"他"总能够在一居所中"在家"，其范围不限于住宅，而是包括对妇女身体的性接近——这是通过一种制度准许给"他"的，此制度本身作为一种商品化交换的形式即婚姻，是有待评价的。这一制度的结构使妇女仅仅作为服务而出现，但作为被异化的能力的她却是缺席的。"她"仅仅是一个家庭围绕着旋转的不变事物，无论如何都不是一个历史地发生的自我意识，而是一个被她的性别所决定了的必需的物质条件。正如"他的"异化肯定了"他的"作为类存在物的身份，她也确定了"她"作为一个不可或缺的和不能异化的物质条件的身份，因为"他"除非在那些条件之下——在此"他的"劳动的能力能够被再生——是不可能被异化的。

按照马克思主义者的说法，女人在决定女人为男人的类存在的必需之物的关系中面对男人的事实，已经说明了男人在整个的资本主义剥削中只能成为什么，即动物。实际上，与她们生来就被商品化了一样，她们生来就被异化了，无论在什么程度上，妇女都被与生育相等同，她们生来就是第一个被劳动者所消费的商品。从而，从一个马克思主义者的观点来看，假定这样一种原初的动力学——它推测决定男人与女人之关系的结构，诸如作为战利品的妇女等等的可消费人口——是不足为奇的。按照马克思主义的论述，这种动力学是固定的、非历史的，它只是被遮掩在大量的疯狂的时髦和装饰的消费后面而已。无论资本主义如何，原型的丈夫气和女人气之间的辩证关系——它被推测为是存在的——相对地是保持不变的；因为无论怎样阉割"他的"生殖体验，"他"仍然将它体验为一种回归，而"她"只能"在家"（无论是存在论意义上的还是本体论意义上的），或者仅仅是"在那儿"，不仅给"他"提供避难的需要，而且还作为比较的对象——以她为参照，"他"能够被定义为异化了的。

"在家里"，他在性行为——作为他的被贬抑的表达和他的类存在的复活——中既是被激活了的又是被雄性化了的。无论有多脏，多令人沮丧，或者多昂贵，对我丈夫来说，在他的货车上工作整个地是一种宣泄活动，在驶向他的下一个星期中重新测定他的男子气概。在家里，我作为"她"在等待，就是说，作为那个没有它，"他"就既不能驱邪也不能将他自己从他的动物机能中区别出来的对象在等待。在此性经济学中，女人气是男人气的固定不变的能商品化的资源。我制作冰茶，穿着随便的夏衣，怀孕了。"她"——不仅作为母亲和妻子，而且在没有"她"就不可能有子孙的意义上，还作为历史和未来——是"他的"生命的必要条件，在真实和比喻的双重意义上，他都在其中投资他的身份。我有了双胞胎儿子，他却出去抽雪茄去了。

无论马克思对于异化的分析在其他方面是如何激进和富有洞察力，他对于异化分析的不一致的逻辑严重地伤害了他的洞见的力量——其将男性与工人、异化和阉割相等同的形而上学意义不能因为仅仅将妇女纳入工资劳动的分析视野之内就得到改进。无论在何种意义上，"他"既能被化简为"她"作为动物所代表的东西，又能在与作为实践——在它面前，异化只能是阉割——的潜能的"她"的完全对立中被定义,而"她"则注定被排除在人类自由充分实现之可能的条件之外。正如马克思所言,"她"不能围绕着"她自己的"太阳而旋转,因为"她的"太阳乃是"他的"太阳;也就是说,对"她"来说,"她的"太阳与"她自己"相比不再具有现实性,如果没有异化的可能,"她"永远不可能是为她自己的存在。

一个比较有力的反对可能是,由女权主义运动所造成的巨大的社会和经济进步已经削弱了这一分析的力量。在有了更多的经济机会——以前是为男人保留的——之后,妇女似乎已经能够"享受"资本主义赐予男人的同等"好处";将异化视为阉割(就其本身而论)似乎已经不再准确,而应该将其看作是一种受压迫的平等机会。人们只要看一看诸如希拉里·克林顿(Hilary Rodham Clinton)、杰尼特·瑞娜(Janet Reno)、鲁斯·巴德·金斯伯格(Ruth Bader Ginsberg)这些女强人就可以知道,女权主义运动的收获确实是实质性的。

但要得出这样的结论可能为时过早。如果说,妇女要比以前更加直接地面对工资劳动的现实,那是不错的;但是,对绝大多数妇女来说,这决不意味着拥有一份工资必然能与地位的上升相关,尽管有例外。请想一下这种情形:在美国,职业妇女仍然要负责大多数家务劳动。在家庭暴力方面,妇女和儿童几乎总是被迫逃跑或者被逐出家门。绝大多数"家庭救济金"的接受者是单身的或者是离婚妇女和儿童。我们经常将贫困说作"女人化了"。平均起来,接受过大学教育的妇女与只有高中教育的男子挣一样多的美元。黑人妇女和拉丁族妇女的情况要更糟。妇女在婚姻中很少保留自己的姓氏,为她们的丈夫放弃自己的名字和身份中的某些方面。对妇女、女孩和男孩实施性暴力行为的几乎总是男人。

以下情形仍然是司空见惯之事:要侮辱一个男人,就把他叫作女人,或者指出他身上的女人气;要侮辱一个女人,就用女性生殖器来称呼她;要侮辱一个同性恋女子,我们就把她叫作"假男人"。一个"上帝痛恨劳役"的网站谴责一个死去的孩子的父母,说是他们没有赋予这孩子以足够的男子气概以保证他不被打死;在那里,还流传着这样一个笑话,说一个同性恋女人真正需要的是一次过瘾的交配。在这样一个国家里,我们只能惊奇:在征服许多压迫形式——它们帮助并增强了经济上的剥削——方面,我们究竟走了多远。

在这样一个世界里——在这里强奸被用作战争的武器;在许多文化中切除阴蒂仍然是女子的成人仪式;在每一个发展中国家和发达国家中,女孩读写能力落在男孩后面——我们必须考虑马克思关于异化的分析正确的可能性:解放的原型主体是男性,而任何希望改变它的批判性分析不仅仅要将妇女包括在内,而且要从她们自己的角度将妇女思考为自律的主体,这种分析必须意识到经济压迫是与对女性的憎恨相结合的。

异化、消费和家庭

尽管马克思关于异化的分析因其前提设定不统一而遭到严厉的指摘，但它仍然指向一个有价值的（尽管有点辛辣）关于家庭结构的批判。这个批判的中心目的是表明，通常与家庭相联系的观念——诸如天然的感情、父母之爱、浪漫的爱情等等——是在资本主义经济范围之内并为了资本主义经济而被创造出来的，拿来交易、出售和消费的神话。的确，从马克思主义者的观点看来，没有一种人类组织能够保持在异化范围之外，因为，没有一种人类实践行为——无论有多基本或者多持久——原则上是不能被商品化的。

相反，一种组织结构对人类经验来说越是充满活力或重要，越是能够被商品化。尽管他将异化与阉割相联系是有问题的，马克思所预见到的是，人类社会的诸结构形式，如家庭、婚姻、家长身份（包括他们的美德和弱点）就是使得他们容易受资本主义剥削的东西。在《共产党宣言》中，马克思写道：

> 无产阶级中间的一切家庭联系，愈是因为大工业的发展而陷于破坏，他们的子女愈是被变成简单的买卖对象和劳动工具，那末资产阶级的关于家庭和教育、关于父母和子女之间的亲密关系的那一套大话，就愈是令人听来作呕。（《共产党宣言》，71—72）

换句话说，不论什么阶级，在资本主义生产的压力下，家庭联系变形为商品交易，这种交易不是以互相爱护甚至忠诚为中介，而是以对工资的需求为中介。

遵循恩格斯的《家庭、私有制和国家的起源》，马克思为唯物主义者关于家庭的论述作了辩护，这种论述从人类学资料中获得其合理性。作为一个满足物质需要的历史的基本条件，家庭被建立起来。家庭作为社会关系起源的一个基本形式，它的"存在理由"是以生产未来家庭成员的形式生产自身，同时为它的成员生产实践的条件。（《德意志意识形态》，48—49）照此看来，家庭之中的亲情关系可以根据它们的物质和经济效用来估价，但它们不能因此被简化为纯粹的利害关系，而是保持为其他因素，诸如同情、安全、团结和忠诚，它们的价值只能被当作促进实践的潜能来估价。

随着资本主义的到来，家庭经历了一个激烈的变形，其影响使其基本社会关系从属于一个单一的他者，即资本家和劳动者之间的关系。这种影响不仅仅是物质的，而且还是本体论的——因为一个家庭成员本来可以将她的或他的首要忠诚和作为一个人的身份献给亲情关系的维持，而现在家庭成员之间的忠诚仅仅是由于工资。集体生产和分配的必需品现在必须去购买；曾经唾手可得的闲暇被挤压成劳动周之间的边缘缝隙；曾经被设想为自我的未来投影的孩子被简化成不是有兑换价值的东西，就是需要迅速处理的累赘——赶快让他们进入劳动力市场；"人格"

的曾经从亲情关系中获得的本体论身份为使劳动者成为可取代性商品的身份消灭了。(《共产党宣言》，69—71)

资本家和劳动者的关系篡夺了一切传统约定赋予家庭关系的特征，并在它与社会关系网络——它使世界成为为维持家庭而存在的东西——相对立的意义上，取代了这些特征；现在，家庭只作为一个维持经济的单位而存在。(《德意志意识形态》，48—50)在与亲情、责任和恩爱等等相维系的港湾隔绝之后，家庭的"存在的理由"就不是它自身的生产，而是为了资本主义市场的劳动和劳动者的生产。有关的讽刺作品比比皆是：在当代情景剧中，如《一切在于家庭》《美人儿安娜》和《火中恩典》；卡通如《白痴儿子》；电影如《快乐维拉》，纪录片如《罗格尔和我》，每一部都描述了家庭在资本主义社会中所面临的压力的一个侧面。

家庭曾经拥有的具有内在价值的一切权利，现在由于供应和需求的压力都变形为"家庭"，它的本质结构现在不是由它的成员的需求来决定，而是由它的潜在的市场能力来决定。通过理性化或"错误的意识"——它与广告商关于持续消费和快乐消费的许诺相伴随——异化就这样被变换（如果说不是完全被抹杀的话）了。被机器化和商品化之后，"家庭"成了一个可替代的生产和消费的单元——一个工厂——它的结构被商品和服务的制造所决定。通过求助于核武器、种族主义、异性关系和家长统治，通过将大家庭分割为可能最小的复制需求的功能单元、通过将资产阶级白领阶层的价值设定为典范，通过要求人的常态和价值的多元概念的一致化，资本主义将市场能力最大化了。

正如马克思宗教批判中的"颠倒了的世界"，家庭的资本主义商品化，意味着支配原始家庭结构的生存需要成了它遭受资本主义市场力量伤害的首要来源。奉献成了义务，因为家庭关系——它的价值不能按利润—投资来计算——阻碍了对工资的竞争。因此，这是不足为奇的：无论我们如何指责，降临在家庭之上的悲剧总是包括经济因素在内。从摇篮走向坟墓的过程中，家庭所面临的每一个决定是按照它的花费做出的，而家庭的花费首先最主要地不是以情感和心理的因素来衡量的，而是以收入和竞争需求的对抗来衡量的。

事情的这种状态是更加唯物主义的——资本主义竞争被需要的石油所点燃。商品化了的世界是一个"颠倒了的世界"。一切被认为是"天然的"关系，或者至少是原初家庭中未受影响的关系，现在已经不复存在了，有的只是为了劳动者之间的竞争而被设计出来的关系——它有助于降低工资。家庭变得如此奇形怪状——马克思曾经哀叹它的天然形态的丧失，它现在冒着成为它自己的一幅讽刺漫画的危险,阻止它自己为获得"家庭的"天然属性而做的热诚奉献。即是说，它消费那些使它的剩余、它的财富和它的一致性成为资本主义"家庭"的产品。毫无疑问，"家庭"，作为本质上是欧洲的、异性关系的和父系统治的东西,第一次成了广告的目标:从快餐食品和鞋类到高速轿车之类的一切东西。

当然,这样的剧装不是随意挑选的,而是生存所必需的剧装;因为在颠倒了的世界中,价值本身就是一种商品。也就是说,价值不是通过实践——它现在已经被贬低为周末嗜好了——被创造出来的,而是通过时尚消费展示出来的;它是这样一种商品:它自身的所值不仅仅根据消费来衡量,而且还是根据一种可随意处置的财富的公开展示所决定的消费来衡量。这种消费是"引人注目的",因为它的价值来源于它的本质的表演性品格——其首要目的是标明(即使是无意识的)一种竞争的胜利。它呈现自己为一种"社会规范"的身份;而所谓"规范"和"道德"实际上都是根据标示性别和阶级的行为来决定。消费占据了每一个处于资本家和劳动者的斗争之间的经济阶层;异化劳动的总和以及实质预示着这种公开表演,从狂饮啤酒的团体比赛,到豪华客厅的打折使用,到法人团体的垄断接收,诸如此类,各不相同。

作为卖淫的婚姻

剥去资产阶级合法性脸上薄薄的面纱,这种消费归根结底是将劳动认可为卖淫。因为,正如甚至资产阶级或中产阶级的丈夫们也将其妻子看作"仅仅是一个生育的工具",资本主义范围之内的一切关系——根据它们的用途来界定——当然同样如此。举一个例子,在家庭的范围之内,马克思写道:

> 资产者原来是把自己的妻子仅仅当作一种生产工具看待的。他们听说生产工具将要公共使用,自然就不能不联想到妇女也会遭遇到同样的命运。
>
> 他们连想也想不到,问题正在于要消灭妇女被当作简单生产工具看待的这种地位。
>
> 其实,我们的资产者装出道貌岸然的样子,对于共产党人要实行莫须有的正式的公妻制表示惊骇,那是再可笑也没有的了。公妻制无须共产党人来实行,因为它差不多是一向就有的。(《共产党宣言》,72)

至少有三个特征将夫妻关系等同于卖淫关系:首先,这一关系本身是建立在一种分派给作为妇女的妻子的交换价值之上的。比如,按照生育的工具来计算她的价值,她的丈夫通过她,根据既有利于作为劳动者的自身生产也有利于作为劳动者的再生产的原则,来实现各种交易。其次,在生产工具是妇女的身体——它的价值或功用是根据它的性服务和生育服务的表现来决定的——的意义上,这种交易尤其是物质的。她与产品和闲暇一样,是可被商品化的。最后,在公众中妇女是有待使用的商品的观念,证实物质身体对性和生育劳动的取代能力。

一方面,应召女郎或街头女郎的经济地位比妻子更有保证,妻子们依赖于她们的丈夫供养她们的善良意志,因而这种交易关系或多或少是间接的(隐藏在婚姻关系的浪漫外表的后面)。妓女与嫖客的交易不要求任何东西,如作为资本主义家庭的前提的感情和忠贞的虚饰。另一方面,作为公妻的完美榜样,几乎没有东西可以保护妓女避免最糟糕的——包括最暴力的——剥削,作为身体的妇女就是被性蹂躏的命运。但是,正如《共产党宣言》所说的,资产者的妻子们的命运只不过稍稍好一点;公妻制是"一向就有的"。卖淫很少用"公共妻子"这样的话来掩盖,它就是"婚姻"和"家庭"的真理,因为躲在消费的机巧后面的是资本主义的疯狂地贪求或者崇拜工资的命令。

对这一推理的一个批评是,如果卖淫可以描述在资本主义范围内妇女作为妻子(甚至一切妇女作为潜在的妻子)的地位,那么,它在捕捉大多数男人的命运方面是失败的:作为劳动者,与妇女被等同于妓女一样,男人可以被描述为"工资的娼妇"。以下是我对这一批评的回答。那位丈夫——我曾经做过他的年轻的妻子——为了工资与我一样在每一天的同一时间工作。我们的工资——他挣得多一点——的差别是在那个时间和地点

劳动和异化 065

（1979年，犹他州）所被期待的东西。工资劳动的非一元结构并没有使他更少被妓女化，只不过略有差别而已。如果他和我当时处于同一个工资档次的话，他就会很容易发现，这是对他作为一个男人的自我价值的又一个侮辱；这有力地说明，一切劳动都是"卖淫"，即使其结果有性别差异。如果他曾经有加入一个革命团体的机会以推翻他遭受的经济压迫，那么显然，他必定会加入这样的团体。

接着这一回答的还有三个相关的评论：第一，男人和女人的身体都代表了可替代性劳动，在这一意义上，它们可以被认为是同等地妓女化了的；自命为自由市场的民主促进者们，应该用冷静的安慰来接受这一事实：同等的被剥削机会并不是欢呼雀跃的理由。

第二，无论男人的异化来源于他们的劳动的妓女化的观点是否正确，它决不削弱我们前面对作为阉割的异化的分析的力量，而毋宁是相反。其潜在的含义是，降临在一个男人身上的最糟糕的悲剧是他被"变成为"一个女人——被阉割了的妓女——一个与马克思的变种的父权体系假定相一致的指数。马克思将资本主义社会中的妇女作为"公有之物"的典范，认为妇女是有待于共产主义革命来解放的其中一类人；这不仅暗中为无产阶级男子保留了一个十分重要的政治特权，而且可以被理解为一系列对被阉割的父系特权的补偿——它导致革命。

第三，正如任何对资本主义的综合估价必须涉及对支撑资本主义社会的多元的政治、社会和宗教制度的全面评价一样，上述评价说明，共产主义并不能代表对一切劳动者的解放，或者是不能平等地代表对一切劳动者的解放。在后资本主义时代，家庭将可能经历什么样的变形问题，仍然晦暗不明。除了在制约我的生活的资本主义环境内，在其他任何情况下，要设想我作为一个年轻的工人妻子的生活情形是非常困难的（如果不是不可能的话）。与我所知道的每个人一样，我的生活是关乎工资的——我能对它做什么？要挣到它是多么艰辛，而要挥霍它却又是那么容易！要花多少时间才能得到它？以及为什么别人似乎总是拥有得更多？在德撒瑞制药厂，我曾经陷入的第一个现实困难是为了工会组织的问题，我的雇主把我看作叛徒，朋友们则认为我是危险分子，婆婆把我看作累赘，公公认为这是"红色分子"的行为，我丈夫则认为这是对他的时间的篡夺，同时也是一种对"女人气"的威胁——因为它是根据独立决断之类的东西来界定的；要么放弃它，要么丢掉我的工作。当我知道自己怀孕之后，激动就过去了；我的行为被看作一个有男子气概的自我控制的显示；而对于一个即将成为母亲的人来说，没有任何东西比这更不恰当的了。

这第三个评论是在马克思的批判的最重要主题——压迫上扩展出来的。这种说法，即在资本主义的一切关系都要遭受生产和消费、商品化的压力的范围内，用以区分私有与公有、家庭和市民的任何标准都被最好地发明出来了。但这都只是一类人被另一类人压迫的借口，或者另外一种类型的市场策略。但无论如何，马克思对压迫的批判指向更深入的研究——它超出异化（就其本身而论）的后果的范围——以表明资本主义剥削如何不仅是对劳动的剥削，而且是对一切可以被商品化的东西，包括性别、年龄、种族、宗教、体重、性取向、性表达、疾病和遗传的禀赋等的剥削。如果马克思是正确的，而资本主义经济范围之内的一切劳动都是卖淫的话，那么我们可以考虑一下诸如《教条，耻辱》《母体》《没有线索》《男孩别哭》和《十二僧侣》这样的电影，更不用说《公民该隐》了，它嘲讽了对人的类存在的资本主义后果的批判。也许，更有讽刺意义的是，人们可以注意到这些"挣钱事业"的突然亢奋，它们的目标是，发现治疗艾滋病的药物，延缓一个人老化进程，发现所谓的同性恋遗传因子，燃烧卡路里，拉直头发，或者使我们与我们肚子里的孩子交流——因为只要 125.99 美元（每个月 10 美元的分期付款）就够了。

3

On Marx

作为历史研究法的辩证法

历史研究法①

哲学史家以赛亚·伯林在他 1963 年所著的《卡尔·马克思》一书中说，马克思不是将他的辩证唯物主义历史观看作一个在柏拉图、亚里士多德、康德或黑格尔所组成的伟大传统中的哲学体系，而是看作一个社会与历史分析的方法，其目的是工具性和革命性的。伯林指出：

> 马克思本人未曾出版过阐述历史唯物主义的正式文本。在他的 1843—1848 年所写的所有早期著作中，它是以片断的形式产生的；而在他的后期思想中，则被认为是

理所当然的。与其说马克思将历史唯物主义看作是一个哲学体系，毋宁说是一个社会和历史分析的实际方法和一个政治策略的基础。在他晚年，他经常抱怨他的追随者对它的使用，他们之中的一些人似乎认为它（历史唯物主义）可以节省他们的具体历史研究的劳作。（伯林，101）

伯林提供了一个关于马克思思想演进的详尽的历史阐述，即从《黑格尔法哲学批判》和《犹太人问题》到《神圣家族》和《德意志意识形态》的发展过程。后来，马克思为辩证唯物主义描绘了一个轮廓。辩证唯物主义"认为人类历史是一个单一的、不可重复的过程，它遵循着可被人发现的规律"（伯林，102）。

"这一过程的每一时刻，"伯林写道，"是全新的，因为它拥有新的特征，或者已知特征的新综合；但尽管它是独特的、不可重复的，它仍然是直接先行的社会状态的结果，并遵循同样的规律，正如这个最后状态是它自己的先行者的结果一样"（伯林，103）。马克思受到黑格尔关于"永恒的宇宙精神"的观念——这种观念本身的内在矛盾可以通过意识形态激发的历史事件如战争和国家的崛起被认识到——的深刻影响，马克思发展出了一种历史理论——一种历史研究法——它从物质、文化和技术发展所造成的诸种社会关系，也即类存在物之间的诸关系的角度预言历史事件的演化。正如他通过坚决地把人的历史性植根于物质需求的实现之中,把黑格尔的精神—肉体的二元论颠倒过来一样,马克思表明,黑格尔的辩证法超然于任何关于类存在的论述之外,它注定只不过是一种灰色的幻想,或者正如伯林所言,它只不过是"一片神秘",关于其真实性的任何科学研究是既不能被证实也不能被证伪的。

在《精神现象学》中,黑格尔用多少有些晦涩的语言描述了正题、反题和合题的辩证法。黑格尔论证说,历史是一种以"理念"为中介的"精神"或"意识"的运动,它在人类的群体行为,诸如文化的生产、国家的治理和战争中显示出来。这种运动在美国或者法国的《宣言》之类的文献中得到具体体现,它的目的是将权力的概念实体化,它告诉我们人类历史作为克服(反题)原先状态(正题)形成一个新状态(合题)的故事。人类世界是一个"形而上的实体",或者是一个"绝对理念"的实现;通过这种正、反、合的辩证规律,"绝对理念"决定可以预知的(如果说是不可重复的)历史事件的"存在的理由"。黑格尔的"绝对理念"是目的论的(如果说不是泛神论的),它根据历史事件对"理念"——它被设想为"理性"自身的实现——的不断接近,决定历史事件的运动。

凭借"理念"的这一有利地位(为了接近它,一种"超感性的直观"是必须的),人类历史事件被阐述为"意识"试图理解自身的具体体现。(伯林,103)人类是此类试图和克服的例证。比如，一场战争的实施（正题），通过培养互相虚无化（反题）的幽灵，超越了它自身。战争的主题由于其成功实施（合题）而销声匿迹了。同样，新的更高的技术的创造（反题）放弃了竞争地位（汽车/马车、火炉/火堆、电视/收音机），但仍然产生了它自我超越的条件（飞机、网络、微波炉）。宗教仍然是黑格尔辩证法的完美榜样，为了通过信仰逼近"绝对理念"，宗教放弃了它自己的理性。

与黑格尔一样，马克思认为，在其每一个都为它自己的存在提供了证明、替代和超越的条件的意义上，历史事件辩证地前进。但马克思的关注焦点是物质世界的发生过程，而黑格尔关注的则是精神的超越性。但这两个体系作为理想都得到了很好的描述；比较起来，马克思的唯物辩证法更使人联想到亚里士多德的人类的"繁盛和自我实现"——作为理性行为的目的——的思想。对黑格尔来说，人的行为"仅仅"是某种更高的、更柏拉图主义的、非物质的"绝对理念"的实现的工具。换句话说，黑格尔关于"意识"的观点与泛神论毗连，而在马克思那里，意识是不断变化的物质世界——它指向一个可认识的人类之善的直观——的一个现实居民。

也许，最重要的是，马克思决心制造出一个"分析的经验方法"，它的运用能够为估价已经发生的历史事件和预言将要发生的历史事件提供一个基础，这是一个被紧紧地限制在黑格尔的"理念"仓库中——为了"绝对"的神秘实现——的特征。

将马克思的哲学规划与较早的体系制造者们区分开来的,是马克思对与他那个时代的科学相一致的经验的强调,尤其是进化论、分类学、地质学以及最重要的经济学。正如伯林所指出的:"如果世界是一个某种类型的形而上的实体(例如被'绝对精神'所决定的那种),那么它的行为就不可能被在我们权能之内的唯一的可靠方法,即经验观察所检验;因而,一个对世界的陈述也就不能被任何科学的方法所证实。"(伯林,103)辩证唯物主义通过对"意识"概念的根本的重新铸造,使其不仅植根于物质需求的经验之中,而且使其植根于实验观察的潜能之中,从而将黑格尔颠倒了过来。

马克思对历史研究方法的需要,来自于他的洞见:人类不是"绝对"通过"理念"实现它自身的一个要素,而是理念的创造者——通过马克思所说的"实践"。从模仿一个抽象的"绝对"的愿望的观点出发,人的行为是不可能被正确地阐释的,但是,从使创造性劳动成为可能的那些关系出发,它就能得到更好的理解。辩证唯物主义是一种挖掘那些关系的方法,它希望表明来自于物质需求的观念是如何成为实践的工具的。对马克思来说,给予这种努力以科学的地位,就是在他的先驱者们的哲学体系和同样人道主义但更现代的设计——这一设计是他规划的,是可以通过经验分析被证实或者被证伪的——之间做出明确的区分。

无论辩证唯物主义能否满足这一科学的标准,即是说,无论它能否被足够严谨地表达——即使不能作为一个可以被证实的，至少也要作为一个可靠的未来经济现象的预言家——我们仍然可以看到一颗高贵的雄心。归根结底，要表明黑格尔是如何不足以说明物质条件在人类历史中所扮演的角色，是一件事；要表明这些条件如何能够被辩证地解释，是另一件事；要表明这样一种历史是如何证明可发现的经济规律的运行，更是另外一件事。这就是马克思主义历史研究法的职责：在人类意识是人类劳动的产物的意义上，表明类存在如何首先和最主要地是经济存在。

政治经济学

对马克思来说，人类关系首先是被历史的特定的经济交换形式所支配的（尽管不一定是资本主义）。构成一个人类关系的"可发现的规律"的东西，无论它是如何不可重复，使马克思需要一个政治经济学的物质辩证法，一门将人群划分为可区分的阶级的科学。正如伯林所说的：

> 对市民社会的解剖可以在政治经济学中见到。斗争常常是在根据经济决定的阶级之间的一个冲突；一个社会中的一群人被定义为一个阶级，他们的生

活由他们在生产安排——它决定社会的结构——中所具有的地位所决定。个人的地位由他在社会生产的过程中所扮演的角色所决定,而社会生产则直接依赖于任何给定阶段的生产力和发展程度的特征。人们按照他们的经济关系——在其中他们事实上面对他们社会的其他成员,无论他们是否意识到——来行动。(伯林,105)

正如历史性在马克思关于个体意识的发展的论述中扮演了中心角色一样,另一种类型的斗争的意识决定人的类存在的关系的形式或"社会生产过程",即形成政治经济学的结构性基础的斗争。

从资本主义政治经济学的观点看来,这样一群人不是被设定为个体的集合,而是被设定为个体单元的聚合,或生产的关节。马克思关注的仍然是类存在,但焦点从劳动者转移到了阶级,从异化转移到了阶级斗争,从特殊辩证法转移到了集体意识。无论在何种意义上,个体的地位总是由物质生产的安排所决定的,同样,异化成了一个"市民社会的解剖学"的潜在的决定者。因为,政治经济学的历史就是这种安排——它是从构成类存在、物质需求的东西中构造出来的——的历史。人类历史是实现人类需要的历史,而政治经济学则是对支配这一历史的规律的肉眼可见的检查。

政治经济学的规律从以下类推中获取它们的力量：无论在何种意义上，"人们按照他们的经济关系——在其中他们事实上面对他们社会的其他成员——来行动"，无论有没有意识到，一个经济阶级的行为同样是被居于统治地位的、给予他们相关的发展程度、地位和社会身份的生产关系所决定的。在这里，马克思重新阐述了一种黑格尔主义的有机主义。马克思描述了一个个体的指向实践的潜在定位的方法，即把它作为一个历史地发生的区分人与非人的自我决定的条件，用来处理无产阶级的潜在意识。

正如一个人在意识到了自己所具有的指向实践的潜能之后，必然地要拒绝在资本主义经济中一个人的劳动条件所固有的异化一样，一个经济阶级能够意识到决定它的作为竞争的一切关系的异化，阶级意识就这样是革命性的。整体大于部分之和。因为，意识到一个人自己的异化状态是一件事，但意识到一个人自己是一个阶级——其集体异化构成造反的基础——的成员是另一件更大的事。前者提供少量珍贵的止痛膏以减轻它的伤痛；后者则提供了革命的希望。因而，对马克思来说，具有挑战性的任务是，提供一个能支持这一希望的科学构架。

可以归之于这一类推的任何力量，都来源于不是一个而是两个源泉：首先，它具有解释的力量，它有助于理解"市民社会的解剖学"——作为正在发展的阶级的经济政治关系的演进的辩证法。第二，通过唤醒在人类历史的资本主义压迫过程中，被压迫阶级所遭受的贫困（如果不是暴行的话），它提供了一个道德和政治（革命）的目标。在《共产党宣言》的论战性的文字中，马克思明白地宣告了这一双重目的：确证辩证唯物主义是一种科学的方法，通过这种方法交换关系能够得到最好的理解；而后，将这种知识占为己有，以有利于激起无产阶级反对压迫者和他们的同谋者的革命号召。（伯林，103）

对马克思的设计的这一解释的一个反对是，将它的科学从它的道德因素中区分出来的做法只说明了我们对于任何此类设计可以说些什么的问题，尤其是在社会科学中。这只不过是一个次等重要的区分，只说明一种社会科学事业的性质。也许确实如此。但是，如果以下说法是正确的，即没有这样一种事业（或者说任何科学事业）能够避免将价值与事实相联系，因而能够逃避将价值从事实中区分出来的责任（其可能性本身将是哲学的一个令人恐怖的主题），那么，这样一个区分对马克思来说就承载着更大的分量。因为，潜在于这一人道主义设计的根基之下的，是提高人类生活条件的道德命令，而对马克思来说，人类生活条件的提升只有通过革命才有可能。革命为资本主义社会中最不人道的东西——将一切价值转化为交换价值——画上句号。

马克思的公开的目标是，既解释政治经济的历史，又确证政治革命的合理性。马克思并没有把发展出一个关于政治革命的客观论述的任务视为工作的贬值，从而政治革命的目的：

（1）被进一步给出了；（2）与植根于科学的方法一样，深深地植根于道德原则。就这样，在它首先和最主要的是献身于人类生活的促进的意义上，马克思主义者关于经济历史的论述是意识形态性的。确实，如果说"历史研究法"很好地描述了马克思的设计，那可能是因为它给出了一个政治经济历史的道德科学。马克思正确地接受了别人所远离的东西，即这样的观念：科学地产生的经验知识被道德和政治行为所促发，同时也就具有道德和政治行为的含义。知识是强有力的，因为客观事实具有促进人类生活的潜能。换句话说，价值来源于考察经济关系的选择，因为除了这种促进人类生活的欲望，还有其他什么东西能够激发这样一种科学事业呢？

在《共产党宣言》的第一部分"资产者和无产者"中，马克思政治经济学概念中的道德和社会科学因素就被捕捉到了，在这里，马克思和恩格斯写道：

> 至今所有一切社会的历史都是阶级斗争的历史。自由民和奴隶，贵族和平民，地主和农奴，行会师傅和帮工，简短些说，压迫者和被压迫者，始终处于相互对抗的地位，进行不断的，有时隐蔽，有时公开的斗争，而每一次斗争的结局，不是整个社会受到革命改造，就是斗争的各阶级同归于尽。
>
> 在过去的各个历史时代，我们几乎到处都可以

看到社会完全划分为各个不同的等级，可以看到由各种不同的社会地位构成的整个阶梯。在古代的罗马，有贵族、骑士、平民和奴隶；在中世纪，有封建领主、陪臣、行会师傅、帮工和农奴，并且几乎在每一个阶级内部，又有各种特殊的等第。

从灭亡了的封建社会里产生出来的现代资产阶级社会，并没有消灭阶级矛盾。它不过用新的阶级、新的压迫条件、新的斗争形式代替了旧的罢了。

但是，现今的这个时代，即资产阶级时代，却有一个特点，就是它使阶级矛盾简单化了：社会日益分裂为两大敌对的阵营，即分裂为两大相互直接对立的阶级：资产阶级和无产阶级。(《共产党宣言》,50)

在此，马克思和恩格斯描述了一种阶级斗争的历史。根据政治经济学的规律，社会逐步分化为"互相对立的两大阶级"，拥有财产的企业阶层（资产阶级）和劳动群众（无产阶级）。这样一种历史是辩证地发展的；因为，历史通过一系列的阶段——其中的每一个在获得进入下一个阶段的入口之前必须要被消耗殆尽——而进化，每一个阶段都提供暂时的稳定（正题），但它的社会生产所固有的冲突和斗争使它发生断裂（反题），然后被一个产生于"不断对立"的新的社会形式所接续

（合题）。新的社会形式出现新的阶级斗争。

按照马克思，无论"黑暗时代""中世纪时期""文艺复兴时期"或"启蒙时期"的社会是如何静止不动，仍然可以表明，在其经济基础——比如，在封建社会里，是庇护制，或者工业生产的兴起——之中，阶级斗争是连续不断的（《共产党宣言》，50—65）。根据弗里德里希·尼采在《超越善恶之外》一书中的说法，这些阶段的相对稳定是由一个如此强烈的相信社会和道德进步的需要所促成的，此时，斗争被暂时地封闭了（如果不是被忘却了的话）。当西格蒙特·弗洛伊德在《文明及其不满》一书中说战争之类的社会断裂伴随着进步的想望所迫使的"抑制"时，他重述了这一错误意识的概念。

类似地，对马克思来说，对人类进步的想望构成一个类存在物的结构性特征——它并不顾及这一斗争和斗争作为人类进步的本质的推动者的存在，因为"集体抑制"产生它自己的不可避免的爆发的条件，从而也产生新的社会和经济安排，以及它们的阶级斗争出现的条件。无论在何种意义上，对进步的想望（至少是相信进步的可能性）都构成一个类存在物的特征，它是政治经济学的规律的心理基础。因为它根据这一认识来决定这些政治经济规律：即除非通过人类关系——如此安排以保证必须的生产剩余，从而保证劳动和劳动力的再生产——的中介，人类的物质需求不能得到满足。植根于人类的身体和心理事实的基础——类存在物——之中，政治经济学的规律决定这些事实所制约的范围、形状和轨迹，包括在革命成为不可避免之前能够忍受的剥削程度。

阶级斗争

根据马克思的观点，阶级斗争的最后阶段是由历史地出现的资产阶级的自我利益决定的：

> 凡是资产阶级已经取得统治的地方，它就把所有封建的、宗法的和纯朴的关系统统破坏了。它无情地斩断了那些使人依附于"天然的尊长"的形形色色的封建羁绊，它使人和人之间除了赤裸裸的利害关系即冷酷无情的"现金交易"之外，再也找不到任何别的联系了。它把高尚激昂的宗教虔诚、义侠的血性、庸人的温情，一概淹没在利己主义打算的冷水之中。它把人的个人尊严变成了交换价值，它把无数特许的和自力挣得的自由都用一种没有良心的贸易自由来代替了。总而言之，它用公开的、无耻的、直接的、冷酷的剥削代替了由宗教幻想和政治幻想掩蔽着的剥削。（《共产党宣言》，53）

启蒙时代因为意识到人类能够自律而沾沾自喜，这恰好是一幅讽刺漫画：资产阶级为资本积累的专心努力保证了将一切价值转化为交换价值，从而将一切私人的和阶级的关系转化为黑格尔在《精神现象学》中所说的主—奴关系的资本主义版本。这一关系假定，一方面，一个主人（资产阶级的资本家），他通过他对资本的获取，代表和控制了工资劳动的实施和补偿所需要的条件；另一方面，一个奴隶（无产阶级劳动者），他作为一个依赖性的实体，在主人——奴隶为它劳动以获取自己的生活资料——的意志下生存。在《黑格尔著作导论》一书中，亚历山大·柯耶夫论证说，这种关系是心理想望[②]的不可避免的产物，因而，它努力争取将类存在的自我意识从仅仅作为非人的动物的生命的意识中分化出来：

> 对一个动物来说，其最高价值就是它的动物生命。一个动物的所有"欲望"归根结底是保存它的生命的欲望的一个功能。因此，"人的欲望"必须战胜这种动物性的自我保存的欲望。只有当人为了它的"人的欲望"而冒牺牲它的（动物性的）生命的风险时，人的人性才"显露真相"。只有在这种冒险之中，且通过这种冒险，人的现实才被创造出来，并被作为现实揭露出来。这就是为什么谈论"自我意识"的起源必然是谈论生命的冒险的原因。（柯耶夫，143）

根据柯耶夫，由这种斗争的努力所引起的冒险，当然不仅仅涉及自我，而且还涉及另一个潜在的自我意识；因为，只有通过他人的对一个人作为另一个自我意识的承认，一个人才能意识到他的如此这般的自我。

在获致自我意识的欲望应用于其范围内时，另一个自我意识必须被征召来服务。自我与他人之间的关系既是相成的又是敌对的，因为，它们之中的每一个都需要另一个来承认它作为自我意识（而存在），每一个必须将另一个的自律拿来为这一承认服务。结果就是另一个自我意识的自律权利的牺牲（如果不是虚无的话），从而，牺牲它作为自我意识的权利。另一个被征召来服务之后，它现在充当了自我的反思的一面镜子；自我被如此这般承认之后，就足以创造（人的）"现实"——在其中自我意识的自律从根本上成为可能。

作为资本主义，如果没有通过征用而被提供的镜子（无产阶级），以及通过劳动者而被提供的劳动，主人（资产阶级）就不能被如此这般地承认；只有通过那些"他"能够用来加强已经被承认的区分——"他的"身份与奴隶的身份的区分——的资料（工具），主人才是主人。这样的资料在经济强制的形式中是随手可得的。通过将生活资料（生产资料）联系于这种承认的连续（劳动的条件）上，资本家不仅保证了"他的"对资本的获得，而且还保证了"他自己的"作为主人的自我意识的获得。在统治权被认为是达到自律的必要条件的范围内，柯耶夫的论述,即主—奴关系的经济学是资本主义,看起来是不足为奇的。

正如资本主义工资劳动所例证的,在这一争取自我意识的斗争中,只有一个部分能够"获胜"。因为,自我的自律是以对他者——它的"存在的理由"是,通过那个将要统治的东西,成为那个自律的镜子——的奴役为前提的。柯耶夫把这一斗争叫做一个"至死方休的战斗",其不可避免的后果是主—奴关系的实体化(柯耶夫,143—145)。自然,柯耶夫所言的死不是字面意义上的奴隶的死亡,而是用奴隶的自律换取生存的机会,即使只是作为主人的工具:

> 为了使人的现实成为"被承认了的"现实,敌对双方在战斗之后必须仍然活着。现在,这只有当它们在战斗中行为不同时才有可能……他们必须在这一战斗中并通过这一战斗不平等地构造他们自己。在任何意义上都没有被预先注定如此:其中的一个必须害怕另一个,必须投降另一个,必须拒绝以生命为赌注去得到"被承认"的欲望的满足。他必须放弃他的欲望而满足另一个的欲望……现在,"承认"他(资本家)就是"承认"他(资本家)作为他(劳动者)的主人,并承认他自己(劳动者)是主人的奴隶。(柯耶夫,144)

如果主—奴关系的主导者不是被预先注定的，那么心理的动力学就不仅仅是，而且还决定经济的动力学——马克思把它与政治经济的历史相联系。

这里出现了一个困难。就主—奴关系总是能够被涂画到人的类存在的心理的形上而论，很少有或者说没有从资本主义的虚弱化后果，即异化中逃出的出路，因而也没有点燃革命的火炬的希望。如果说主—奴关系描述了自我意识的发展的必要条件，那么，随之而来的"至死方休的战斗"是否通过资本主义这一人类历史的方式来显示它自身就是无关紧要的。因为，如果不是资本主义，也会有其他的主人和主人的奴隶的关系的实现作为"人的现实"登上人类历史的舞台，通过它，一个新的合题的希望——超越统治他人的欲望，从而超越统治他人的需要——被克服了。

再论主—奴关系

尽管如此，仍然存在另外一种将主—奴关系绘制到马克思主义政治经济学中的途径。这种绘制方法可能较少黑格尔主义，但更为有力，它严肃地承担了由自我意识所承认的欲望所扮演的角色。无论如何，它不把随着这种承认而来的自律与统治他人的必然性相等同。即是说，因为它不把主人和奴隶之间的压迫性关系理解为一个类存在的心理学的必然表征，它就不需要把自我的自律与他人的被迫投降相等同。

这种绘制方法选择一个社会构造主义者的论述来代替柯耶夫的发生论的历史，它把主—奴关系阐述为特定社会和经济的生产结构的产物。附带而来的唯一的必然性就是政治经济学的规律——它不直接适用于个体而适用于经济"现实"的宏观结果。依此说来，获得自我意识的承认的欲望可以不被取而代之，而且它并不必然地排除非对抗的或者说合作的手段——通过这些手段达到自我意识被承认的目的（这是构想共产主义乌托邦的关键之点）。

相反，主—奴关系不是被理解为类存在的给定物，而是被理解为资本主义经济内部的劳动的安排。按照黑格尔主义的榜样，资本主义被认为是历史的一个暂时阶段，但是，在它自己对主—奴关系的例证来源于更早的原型的意义上，它被认为是一个必然的阶段。不管资产者和劳动者的动机是什么，这只是在名义上与一个关于资本主义如何产生压迫的条件（与主—奴关系相联系）的论述相关。因为，资本主义在随着自我意识的出现而来的斗争中对任何特殊的利害关系是漠不关心的。相反，它分配给遗产继承扮演的角色比分配给"至死方休的斗争"所扮演的要多得多。如果说资本主义是彻头彻尾地机会主义的，它利用一切可以得到的社会经济关系，那么在主—奴关系使得它的出现不可避免的意义上，它的这种本性不是历史地决定的。

那使资本主义看起来是决定论的，忽略了一个企业主可能有的对一种不同的生产景象的承诺，比如，这样一种景象，它包括体面的工作条件和相当优厚的工资。资本主义竞争的天性本身要求"他"在"他的"产品的实际生产中尽可能花费得更少，包括空间、设备、原材料和劳动。如果"他"没有这样做，"他"就不能成功地与那些更少被社会良心所束缚的企业主竞争，因为他们能够增加更多的资本（没有因为公正和同情而散发掉），从而能够更大地扩张。的确，不管资本家——当他处在"资本家"的位置上时，他只享用那推动消费的自律的幻想——的动机如何，资本主义结构对柯耶夫的"欲望"是完全不关心的。

换句话说，与代表一种心理学相比，"统治"更多的是代表一种功能，这种功能的目的是调节诸生产条件，在此条件之下，产品的制造、上市、出售、获利、再投资和竞争能够被最大化。"他"按照一个程序——其功能是筹划竞争策略并把它们付诸实施——来行动。在资本主义社会中，主—奴关系就这样被剥夺了它的情感的私人的品格。怨恨、敌对甚至嫉妒都不能被主人或者奴隶体验为是指向某个个人的东西，因为在这样一个形而上学结构中，严格说来，存在的不是个人，而只是占据者占据的位置或沟槽，而占据者根据它们所属的阶级，主人或奴隶来决定。"敌对"描述这两个阶级的关系从而描述完全非个人的潜在经验，这种经验至少被劳动者体验为个人的东西，即异化。

通过主—奴关系，阶级斗争可以被体验为异化的问题被澄清了，因为主—奴关系所例证的是"疏离（异化）的机制"，即，无能的个体是如何被系统地从资本主义生产中抹去的问题。作为一个集体阶级意识出现的必要条件，异化所描述的是对这一事实的体验：主人和奴隶的位置首先和最主要地是被功能所占据而不是被某种个人所占据。对特定的劳动者来说，无论它的心理学上的涵义是什么，疏离（异化）首先不是一个统治奴隶的阴谋的产物，而是资本主义劳动本身的条件的产物。作为一个消费者，一个人生来就被置入资本主义经济之中，对他来说，竞争表现为天然的事实。但这并不是说，像贪婪和贪欲这样一些心理学的花花草草在此动力学中没有任何地位；而只是说，这样一些动机如果把它作为异化的征象而不是作为异化的原因，就能得到更好的理解。

共产党宣言

在《共产党宣言》中，借着主—奴关系的意象，马克思抓住了这些动力学的脉搏：

> 现代的工业已经把宗法性的师傅的小作坊变成工业资本家的大工厂。挤在工厂里的工人群众就像

士兵一样被编制起来。他们是产业军的小兵，受着整批士官和将校的层层监视。他们不仅是资产者阶级的奴隶，不仅是资产阶级国家的奴隶，并且他们每日每时都受机器，受监工，首先是受各本厂厂主资产者本人的奴役。这种专横制度愈是公开表示自己的目的是发财，那么它就愈显得刻薄、可憎和令人痛恨。(《共产党宣言》，59)

这是一个十足的劳动的军事化场面，它说明了劳动者和劳动本身的异化，它使作为实践的工作的理念失去人性，并用一个自我转动的等级制度的意象代替了它；等级制度自身的起源只是由于它的专制卑鄙的行为才显得是自然而然的。这一霍布斯主义的戏剧分配劳动者扮演奴隶的角色，他不仅与他的自我相异化，与他的家庭关系（或者即使是对"他的""天然的尊长"）相异化，而且与"他的"被奴役的条件相异化。

因为资产阶级和无产阶级这两个对手，从历史的角度看，似乎是世仇，所以他们的敌对关系自然地出现也就不足为奇了。主人将一切人性的事业"淹没在利己主义打算的冰水之中"，他的力量来自他对这一敌对关系的出现的人化，"他"是形而上的图谋的缩影，"他"与劳动者即奴隶都忘却或抑制了事情可能可以是另一种样子的转瞬即逝的念头。

虽然如此，因为奴隶占有了主人意志的工具的位置，"他的"生存有赖于对任何作为主人来说都重要的事情的知晓。后者（对重要事情的知晓）来自奴隶——他在主人的意志实施之前能预见主人的意志——赖以为生的必然性。比如，汗衫店的工人——他知道外衣制作的全部尺寸——在主人采用高压政策以保证完成既定的每日工作份额之前，就能够超额完成主人的预期规定。这意味着与奴隶依赖主人一样，主人同样依赖奴隶（尽管两者不同）。如果不与奴隶合作，也不知道奴隶是怎么回事，那么不管他采用什么生产工具，他都不能成功地与其主人即资本家竞争。

如果说主人不与单个奴隶合作（他被简单地解雇），他没有失去什么，那么对他的依赖性的集体的认识就是举足轻重的。事实上，对资产阶级的依赖性的集体性认识等于是说将无产者创造成一个阶级，因为，这种认识能够指向一个集体行动的目标——它的力量直接地来自于对主人的依赖性，也即生产过程本身的知识。这种关系虽然被非人化了，但它仍然是黑格尔主义的。因为，由固有的压迫所代表的正题或身份有待于压迫本身的条件——使经营成为可能的知识——来克服。

由阶级意识的出现所代表的合题，是革命的无产阶级的先锋者：

○ 资产阶级用来推翻了封建制度的那个武器，现在却对准资产阶级自己了。

作为历史研究法的辩证法　091

> 可是，资产阶级不仅锻造了置自身于死地的武器；同时它还造就了将运用这武器来反对它自己的人——现代的工人，即无产者。(《共产党宣言》，58)

"武器"一词很好地描述了无产阶级对主—奴关系的相互依赖性的集体认识的特征。用这一知识武装起来，奴隶取得了知晓——"他的"压迫的条件，"他的"与主人的关系的性质，以及最重要的是事情本来可以不如此（无产阶级可以不受压迫）的图景——的战略优势。无产阶级的"斗争的真实成果并不是直接得到的成效，而是工人们的越来越大的团结"。(《共产党宣言》，61)。工人用"主人的武器拆除主人的房屋"。

通过大工业所形成的技术（如"日益发达的交通工具"），无产阶级能够用革命的武器武装自己。对马克思来说，就是"对剥削者的剥夺"。在《共产党宣言》中，他说道：

> 于是，随着大工业的发展，资产阶级借以生产和占有产品的基础本身，也就从它的脚底下抽掉了。它首先生产的是它自身的掘墓人。资产阶级的灭亡和无产阶级的胜利同样是不可避免的。(《共产党宣言》，65)

作为一个由政治经济学所描述的革命的支点，对马克思来说，无产阶级代表了对将要"爆裂"的"资本主义之壳"的推翻和讣告。然后，马克思主义的批判并不止步于此，因为无产阶级还代表着一个潜在的未来——没有被商品化、剥削和异化伤害的未来。

译注：

① "Historiography"一词的原意是关于历史编纂和写作的研究，者在此是在唯物史观对历史的解释的意义上用这个词的，因此译作"历史研究法"。
② "Psychologicaldesire" 一词译为"心理想望"，它在文中指的是一种对人类自身进步的心理趋向；动物意义上的"desire"译为"欲望"。

4

On Marx ———————— 共产主义革命

国家的消亡

马克思写道,随着无产阶级阶级意识的出现,"私有制的丧钟敲响了"(伯林,203)。随之而来的是国家的消亡和"真正的人类历史的开端":

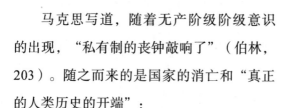

让那些统治阶级在共产主义革命面前颤抖吧。无产者在这个革命中失去的只是自己头上的锁链。而他们所能获得的却是整个世界。

全世界无产者,联合起来!
(《共产党宣言》,91)

伯林很好地表达了这一轨迹的实质,他说:

> 国家是人为地加强统治阶级的权威的工具,当它失掉它的功能之后,它就消失了。曾经被以前的乌托邦如此单纯如此迷人地描绘过的理想的社会共同体,最终要达到了——这是这样一个社会,在那里,没有主人和奴隶,没有富人和穷人,根据社会的需要来生产物品,生产不会被某个个人飘忽不定的思想所影响;物品不一定平均得到分配,但一定按照《共产党宣言》中的模式合理地得到分配,各取所需,各尽其能。而人则最大限度地发展他们的能力。历史将不再是一个剥削阶级接着另一个剥削阶级的连续。真正的自由,被黑格尔如此模糊地轻描淡写的东西,将会实现。真正意义上的人类历史这时才开始。(伯林,203)

作为一个乌托邦理性的宣言,这一段话所把握的是经济与幸福(即亚里士多德所言的"eudaemoinia")的亲密关系。在对需要的满足、创造性劳动的潜能和技术才能——它使得"各取所需,各尽其能"的原则比从前任何时候都更加现实——之间的关系的集体认识中,"理想社会",作为实践的实现,产生了。真正的人类历史从这里开始只是因为实践是真正的人的特征。就是说，因为二者通过个体和集体与物质世界的交往，都具体体现了人的意识的实现。

进入这一圣境的条件之一是，无产阶级对其反对资本主义的革命的"世界历史"特征的普遍认识。马克思说，大量的没有财产的工人通过竞争预定了世界市场。既然国际商贸是互相依赖的，那么单个地方的革命的观念就与法律禁运和贸易制裁一样难以理解了。

换句话说，无论在何种意义上，资本主义竞争都不会不顾及民族的政治和界限，它不会停止对"活的劳动"和任何潜在市场的消费的剥削。在一个由于市场的压力从而对外部设防，由于错误意识的流行从而内部设防的民族里，维持乌托邦理想的努力注定要导致贫穷，物质的和精神的贫穷；它自然促进了对竞争的拒绝和排外的心理。

这些民族都会因为他们的贫乏而遭受耻辱。按照马克思的观点，这一事实可以被作为下列断言的证据："所以无产阶级只有在世界历史意义上才能存在，就像它的事业——共产主义一般只有作为'世界历史性的'存在才有可能实现一样。"（《德意志意识形态》，56）

> 人对人的剥削一消灭，民族对民族的剥削就会随之消灭。
>
> 民族内部的阶级对立一消失，民族之间的敌对关系就会随之消失。（《共产党宣言》，78）

共产主义的到来"不是应当确立的状况,不是现实应当与之相适应的理想。"(《德意志意识形态》,40);它不能被实体化,好像它是通过暴力革命将要获得的对象或财产,而毋宁是这样:

○ 我们所称之为共产主义的是那种消灭现存状况的现实的运动。这个运动的条件是由现有的前提产生的。(《德意志意识形态》,56—57)

共产主义被认为是一种"行动"和"运动",它最好是被理解为一个集体的实践的革命行动。作为创造性劳动的实施的条件和劳动本身,"共产主义"是马克思给予历史地发生的意识的名字;这一意识不把劳动与阶级划分、剥削和异化相等同,而是与一个深刻的民主誓言——平等和唯一的自由——相等同;与黑格尔使自由与一个非实体的"绝对者"的联合相反,这种自由对人类来说是可能的,也就说,这种自由在一个物质世界中并通过这个物质世界诞生于活生生的劳动。

马克思在《神圣家族》中写道:

○ 既然人是从感性世界和感性世界中的经验中汲取自己的一切知识、感觉等等,那就必须这样安排周围的世界,使人在其中能认识和领会真正

共产主义革命

合乎人性的东西，使他能认识到自己是人。既然正确理解的利益是整个道德的基础，那就必须使个别人的私人利益符合于全人类的利益。既然从唯物主义意义上来说人是不自由的，就是说，既然人不是由于有逃避某种事物的消极力量，而是由于有表现本身的真正个性的积极力量才得到自由，那就不应当惩罚个别人的犯罪行为，而应当消灭犯罪行为的反社会的根源，并使每个人都有必要的社会活动场所来显露他的重要的生命力。既然人的性格是由环境造成的，那就必须使环境成为合乎人性的环境。既然人天生就是社会的生物，那他就只有在社会中才能发展自己的真正的天性，而对于他的天性的力量的判断，也不应当以单个个人的力量为准绳，而应当以整个社会的力量为准绳。（鲍特莫尔，1956，243）

共产主义描述这样一种社会：它不是被想象为革命的产品和目的，而是一场正在进行的革命；通过它，一种道德理想被实现了；这种理想本身与个体发展和集体进步的前景相毗连。对马克思来说，它是一个被体验为完全的人的自我的物质可能性。

共产党的使命

根据马克思的理论，实现共产主义的第一步，是一个催化物——一个最终要自我解体的政治团体，它的目标是成为无产阶级革命的具体代表——的创造，即一个共产主义政党的创造；它自身的消亡以国家本身的消亡为前提。在《共产党宣言》第二部分中，马克思说：

> 共产党人同一般无产者的关系是怎样的呢？
>
> 共产党人并不是同其他工人政党相对立的一个特殊政党。
>
> 他们并没有任何同整个无产阶级的利益不同的利益。
>
> 他们并不提出什么想用以限制无产阶级运动的特殊的原则。
>
> 共产党人同其他无产阶级政党不同的地方，只是：一方面，在各国无产者的斗争中，共产党人特别重视和坚持整个无产阶级的不分民族的共同利益；另一方面，在无产阶级和资产阶级的斗争所经历的各个发展阶段上，共产党人始终代表着整个运动的利益。(《共产党宣言》，66)

共产党是革命运动的宪章,它的目标是个人的、国际的,也是全世界的。通过政治鼓动、宣传、组织工会和"由无产阶级夺取政权",它代表了革命行动。它的目标之一就是废除私有制,即废除"在资本和工资劳动之对立基础上"获得的财产。

共产党人的特征并不是要废除一切财产私有制,马克思区别了"偷来的"财产和"个人的一切自由、活动和独立的基础上的财产":

○ 这种直接供生命再生产用的劳动产品的个人占有,我们决不打算消灭它,因为这种占有并不会留下任何剩余东西能为什么人造成支配别人劳动的权力。我们要消灭的仅是这种占有的悲惨性质,它使工人仅仅为增殖资本而生活,并且只有在统治阶级的利益需要他生活的时候才能生活。(《共产党宣言》,68)

资本主义占有的"可怜性质"来自于它用工资劳动取代了创造性劳动,因为工资劳动不仅支出劳动者为维持他的生存所需要的劳动,而且要付出"他的"价值的全部,因而是"他的"与工资相等的身份。工资劳动是以"谋生的机会"的面孔出现的所有权的剥夺,它是如此全部颠倒了劳动者的价值以至于异化成了它的必然结果。在此情景之下成为一个劳动者,工资就是对他——由于不仅他所具有的被剥夺了,而且他的所是(他的存在）也被剥夺了——的"报偿",因此,革命就成了一种不仅是反对偷盗的自卫形式,而且是反对对一个人的自我进行系统剥夺的自卫形式。

在共产党人只反对通过对他人劳动的压制而获得的财产（几乎是一切私有财产）的意义上,说共产主义是对一切所有制的废除是不正确的。根据财产重新占有的定义,它是不能被偷盗的,因为一个人不能偷盗它自己拥有的东西。进而,这种抱怨必须以阶级合并——它的合法性是革命的目的——为先决条件。当资本家把资产阶级私有财产的丧失悲叹为一切财产和文化的丧失时（《共产党宣言》,70）,对无产阶级来说,这样一种"丧失"恰恰是一种解放：

> 你们一听到我们要消灭私有制,就惊慌起来。但是,在你们的现今社会里,私有制在十分之九的成员中间已经被消灭了；这种私有制之所以存在,正是因为它在十分之九的成员中间已经不存在。可见,你们责备我们,原来是说我们要消灭那种以社会上的绝大多数人没有财产为必要条件的所有制。
>
> 总而言之,你们责备我们,原来是说我们要消灭你们的那种所有制。是的,我们确实要这样做的。
> （《共产党宣言》,69）

既然获得个人财产的可能性，由于资本主义的生产机制，已经被预先从那些应该享受它的绝大多数劳动者那里剥夺了，剥夺那些剥夺来的资本家的财产就成了对正义的肯定。

根据马克思的理论，资产阶级的财产，无论它如何被继承和被工作的道德的理由所伪装，它仍然是敌对状态——它将劳动者置于资本主义征用者的奴隶的位置之上——的掠夺品。因此，革命就是一种正义的抗争，它的目的不是获得作为财产的财产本身，而是获得财产所代表的东西，即它的常人状态的劳动。共产党的使命是推进这场革命，在黑格尔主义的意义上，共产主义革命不仅仅是资本主义的结束，而且：

> 共产主义是私有财产即人的自我异化的积极的扬弃，因而是通过人并且为了人而对人的本质的真正占有；因此，它是人向自身、向社会的（即人的）人的复归，这种复归是完全的、自觉的而且保存了以往发展的全部财富的。这种共产主义，作为完成了的自然主义，等于人道主义，而作为完成了的人道主义，等于自然主义，它是人和自然界之间、人和人之间的矛盾的真正解决，是存在和本质、对象化和自我确证、自由和必然、个体和类之间的斗争的真正解决。它是历史之谜的解答，而且知道自己就是这种解答。（《1844 年经济学哲学手稿》，135）

共产党所代表的合题本身经过"人向自身的复归"被扬弃，即通过自我认同的集体意识被扬弃；在共产党那里革命被视为一个不断发展的运动的化身；通过共产主义乌托邦的物质实践，它在它的理想的对象化中发现它自身。革命和乌托邦理想无非是同一面相的两个方面，"历史的全部运动，既是这种共产主义的现实的产生活动即它的经验存在的诞生活动，同时，对它的能思维的意识说来，又是它的被理解到的和被认识到的生成运动"（《1844年经济学哲学手稿》，120）。政治经济学的规律将这最后的合题描述为集体意识——它诞生于资本主义最熟悉的无用的产品：劳动者的匮乏——的产物。共产主义就是这种被对象化为潜在的创造性劳动的意识，它使乌托邦理想成为现实，并且将其自身理解为这一现实的生成的运动；它是"否定之否定"，因而是"最近将来的必然形式和有效原则"（《1844年经济学哲学手稿》，146）。

感性"人"的诞生

对马克思来说，任务不仅仅是怎样使乌托邦成为现实，而且是，作为一个具体的实践，它的合理与平等的前景怎样被实现。我们用什么样的人性概念来决定乌托邦中责任和机会的分配？用什么样的分工来决定这种分配？在《神圣家族》中，他写道,"既然人的性格是由环境造成的,那就必须使环境成为合乎人性的环境。"(鲍特莫尔,1956,243)。但是,在具体现实中,这种道德理想的运动如何实现呢?马克思写道:

> 人们的观念、观点、概念,简短些说,人们的意识,是随着人们的生活条件、人们的社会关系和人们的社会存在的改变而改变的,——这一点难道需要有什么特别的深奥思想才能了解吗?(《共产党宣言》,73)

马克思在《1844年经济学哲学手稿》中说,"只是由于人的本质的客观地展开的丰富性,主体的、人的感性的丰富性,如有音乐感的耳朵、能感受形式美的眼睛,总之,那些能成为人的享受的感觉,即确证自己是人的本质力量的感觉,才一部分发展起来,一部分产生出来。"(《1844年经济学哲学手稿》,141)。此时他第一次提示了实现这一远大前景的线索。马克思表明,这一"人化自然"的感性概念是与他对实践——在资本主义社会中,劳动者的实践被异化了——的讨论相一致的;他重申了"人的本质的丰富性"。马克思写道,"五官感觉的形成是以往全部世界历史的产物"(《1844年经济学哲学手稿》,141)。感觉经验的培养利用了实践的许可证。它对艺术、音乐和文化的占有,标志着人的自由的对象化。共产主义社会就是这种感性实践的大写:

> 因此，一方面，随着对象性的现实在社会中对人说来到处成为人的本质力量的现实，成为人的现实，因而成为人自己的本质力量的现实，一切对象对他说来也就成为他自身的对象化，成为确证和实现他的个性的对象，成为他的对象，而这就是说，对象成了他自身。对象如何对他说来成为他的对象，这取决于对象的性质以及与之相适应的本质力量的性质；因为正是这种关系的规定性形成一种特殊的、现实的肯定方式。眼睛对对象的感觉不同于耳朵，眼睛的对象不同于耳朵的对象。每一种本质力量的独特性，恰好就是这种本质力量的独特的本质，因而也是它的对象化的独特方式，它的对象性的、现实的、活生生的存在的独特方式。因此，人不仅通过思维，而且以全部感觉在对象世界中肯定自己。（《1844年经济学哲学手稿》，140）

历史最终拥有的主体和客体成了个体化的，并且不仅仅是个体化了的人；随之而来的结果之一是对有神论和无神论等等胡说八道的驳斥。这样一个否定之否定，与黑格尔主义的"红色恐怖医生"的乌托邦概念的主旨是一致的：

> 因为人与自然界的实在性,即人对人说来作为自然界的存在以及自然界对人说来作为人的存在,已经变成实践的、可以通过感觉直观的,所以,关于某种异己的存在物、关于凌驾于自然界和人之上的存在物的问题,即包含着对自然界和人的非实在性的承认的问题,在实践上已经成为不可能的了。无神论,作为对这种非实在性的否定,已不再有任何意义,因为无神论是对神的否定,并且正是通过这种否定而肯定人的存在。(《1844年经济学哲学手稿》,145)

"神"不再被肯定或否定,它预先就被通过实践的人与自然的合题排除了。这样一种万灵药的安慰的需要本身已经预先被一种人的生命的真正肯定排除了,正如存在主义哲学家让-保罗·萨特所言,这种生活即使没有借口,即使没有宗教信仰——它本身就是一种错误的意识——的慰藉也是能够过的。换句话说,"人"没有杀上帝(如弗洛伊德和尼采所坚持的),而是根本没有这种需要。通过"他的"将自身确证为价值——体现在他创造的对象之中——的中心,"神"的"存在的理由"正如国家的"存在的理由"一样消逝了;信仰在不经意间瓦解了。

乌托邦的"存在的理由"不是罪的赦免和对来世生活的准备;人的行为既不被罪也不被对天国报偿的希望所驱使;实践

既不是禁欲也不是放纵。相反，共产主义社会的目标是启蒙运动以来的"人"的自身的发展；这种"人"是完全地以人文主义的方式设想出来的理性的社会的动物。虽然它的与生俱来的物质性本性给了它限制，但是，也给了它每个人通过实践得以表达的可能性。那么，这个重新从上帝那里获得其形象的"人"是谁？它抓住了与马克思对平等的展望相一致的人的形象了吗？准确地说，革命到底解放了谁？它为了谁？

妇女的社会

《共产党宣言》中，马克思对"共产党人要实行公妻制"的回答，透露了回答这些问题的一个线索。马克思写道，资产者"对所谓的共产党人的正式公妻制表示惊讶，那是再可笑不过了"，他们道貌岸然，似乎这种公妻制在卖淫和婚姻中不是从来"一向就有的"（《共产党宣言》，72）。共产党人承诺要通过废除这些组织制度——它的剥削性特征只不过被薄薄的宗教虔诚的面纱所罩住了——废除这种公妻制社会。马克思断言："资产阶级婚姻实际上是公妻制"（《共产党宣言》72），而"家庭"只不过是卑鄙交换的另一种形式。

无论如何，马克思对妇女从这些制度中解放出来的展望本身是有力的。他解释说，"人们至多只能责备共产党人，说他

共产主义革命

们想用正式的、公开的公妻制来代替伪善地掩盖着的公妻制"（《共产党宣言》，72）。换句话说，这样一种公妻制向来存在并且将要继续存在下去——即使在乌托邦中，对马克思说来，这样一种事实并不是压迫的源泉；对他来说，问题在于"伪善"。当婚姻构成一种相当于"正式和非正式的卖淫"的财产交换时，马克思更多地关注是，它是怎样通过一种婚姻形式被掩盖起来的，而不是关注妇女出卖肉体的事实。随着资本主义的废除，对马克思来说，妇女的身体的有用性不再被出卖，而毋宁是一种男人与女人的自然的关系。这种关系当然是非压迫性的，在妇女的身份在共产主义社会中构成（男人的）实践的必要条件的意义上，这种关系是本体论性质的。

与关心妇女的真实地位相比，马克思更关心"伪善"；这一事实与马克思的论述的另一个方面是一致的。婚姻与家庭具有双重功能：首先，作为一种微观的资本主义的一个单元，它的目的是生产劳动和劳动者；其次，是作为消费者的主要孵化期。这种分工的压迫性质在马克思那里并没有消失，但他仍然好像将妇女的这种地位——被分派扮演无报偿的家务和性劳动的低下角色——视为自然的至少是无关紧要的。马克思论证说：

> 拿妇女当作共同淫乐的牺牲品和婢女来对待，这表现了人在对待自身方面的无限的退化，因为这种关系的秘密在男人对妇女的关系上，以及在对直

接的、自然的、类的关系的理解方式上，都毫不含糊地、确凿无疑地、明显地、露骨地表现出来了。人和人之间的直接的、自然的、必然的关系是男女之间的关系。在这种自然的、类的关系中，人同自然界的关系直接就是人和人之间的关系，而人和人之间的关系直接就是人同自然界的关系，就是他自己的自然的规定。（鲍特莫尔，1963，154）

资产阶级婚姻的结果就这样仅仅是资本主义的正面结果，公开的、合法化了的性服务购买的准自然形式。因为，既然这种"人自身方面的无限退化"是——无论怎么被歪曲——对一种自然所核准的关系的侧面反映，妇女自然要比男人低人一等；她是"他自己的自然的规定"，就是说，她代表他与自然的最近的、最直接的关系，从而，对他来说通过她的性的、生育的和家务的劳动实践才是可能的。

放弃了婚姻的借口之后，马克思似乎将这种放弃看作对妇女的解放，它作为革命所要达到的目标之一，与一切人的共同命运一起消失了。用一切人的共同命运来换取部分人的共同命运，至少在妇女的解放到底在哪里的问题上是含糊的。显然，马克思指的不是妇女从性服务、生育、无报偿的家务劳动或者哺育中解放出来。进一步说，马克思是否将这些看作劳动的问题也是模糊不清的。

无论如何，马克思敏锐地意识到妇女的数目在工资劳动中增长：

> 在英国的棉纺厂里，只有158818个男人被雇佣，而妇女却有196818人。在兰克修棉纺厂里，每100名男工就有103名女工，而在英格兰，则是209名女工对100名男工。这样，劳动的组织方面的变化给妇女带来了一个更广阔的工作领域，对已婚妇女来说，是一个更加独立的经济处境，以及两性之间更加紧密的社会关系。（鲍特莫尔，1963，80）

马克思肯定了劳动组织的变化，因为它将妇女带入劳动力市场，获得了"有利可图"的机会；这一事实说明马克思所指的真正的劳动只有在家庭之外、在公共而非私人场所才发生。他的本体论意义上的劳动只是那些根据一个自我的对象化来决定的行为。马克思的唯物主义不仅是辩证的，而且（与他对黑格尔的批判的精神相反）是二元论的；因为，它不仅把真正的劳动从非真正的劳动中区分出来，而且它将文化地对象化了的劳动置于自然的劳动之上、将人的劳动置于动物的劳动之上、将男性的劳动置于女性的劳动之上（将精神劳动置于身体劳动之上），而没有批判性地检查这些传统的西方范畴是否能站得住脚。

似乎没有很好的理由使我们相信——无论共产主义革命在

其他方面是多么激进——妇女的地位在革命之后能够有任何实质性的变化。如果传统的价值二元论和父权统治的本体论被引进了马克思的劳动概念，那么，由妇女完成的私人领域内的劳动似乎是维持乌托邦的主要部分，与妇女在资本主义社会中扮演的角色一样。任何与这种妇女本性的二元论概念相一致的解放观念——考虑到是什么决定她的自由自觉的行为的问题——都注定是可疑的。在她的本体论条件不是由她的生来的实践能力来决定，而是由她的性别来决定的意义上，她要么是不能被异化的，要么是已经被内在地异化了。

可以从马克思关于劳动本体论的二元观点得出两个似是而非但明显相反的推论：妇女要么因为她是妇女故而不能被异化，要么她们已经被内在地异化了——因为她们是妇女。第一个推论来自这样一种认定：包含在"妇女的社会"观念之中的是诸如性的、生育的、家务的甚至哺育的劳动，因为这种劳动的实施出于自然的（本能的）冲动，而非出于有创造性的洞见的实践，它的主体不可能从它那里疏离（异化）。一个人不可能从一个其实施与诸如吃饭睡觉这样的其他"动物机能"一样自然的劳动疏离。必须牢记的是，对马克思主义来说，成为被异化的对象的能力是一个从事实践的能力的内在特征。因此，基于同样的理由，即自然似乎不让妇女从她们自己的生命行为异化，自然同时承诺了一个实践的陌生者——从而是一个完满的人性的陌生者。

第二个推论,即妇女已经被内在地异化,可以从妇女没有能力从事实践得出。即是说,决定一个人成为妇女社会的成员的生命行为已经将妇女从实践中排除出去了,她被注定只能停留在她的自然的直接性王国之中,没有在创造性劳动中对象化了的自我的反思。除了孩子,她的物质性劳动没有为她留下她作为人的特殊性的永久的象征记录,没有自我的痕迹,更不用说作为人的标志的创造性的实践了。作为自然的或者内含的规定,妇女的生育、性和家务劳动不构成实践,而毋宁是一种为了清洁和喂养即为了未来的再生产的实践的必要条件。

而且,只有妇女能够成为这样一个社会的成员——对男性来说不可能有这种类似的社会——因为,即使是在生育情况之外,妇女也占据着"他者"的地位,男人据此决定他们自己和他们的价值;卸去了被认为是仅仅是内在的东西之后,男人享受着作为与他们自己和他人相异化的先决条件的闲暇,妇女被等同于那种与对象化——它是实践的特征,也使妇女必然地与男性相对立——相对立的内在性。有讽刺意味的是,妇女最终不仅生产了革命的战士,而且生产了共产主义革命本身,因为通过妇女的管理,提供了使异化劳动——它对无产阶级的逐步出现是本质性的——成为可能的物质条件。与摩西一样,妇女为他准备了到达迦南美地的条件,但却不允许她进入迦南,更不用说享受那"奶和蜜"了。

妇女的不可异化性与它的内在地已经被异化之间的冲突比

现实更加明显，因为妇女既不能从她的本质的生命行为——它决定妇女社会化共同体的性质——中被异化，也不能本体论地从创造性的劳动——它决定使一个人成为"男人"的东西是什么——疏离。妇女在资本主义剥削中占据着一个相当奇怪的位置。一方面，她们看来是最可剥削的，因为虽然没有创造性劳动的潜能，但一个妇女的社会已经为劳动准备好了。在《共产党宣言》中，马克思说：

> 手工劳动所要求的技巧和气力愈少，换句话说，现代的工业愈发达，那么男工劳动也就愈受到女工劳动和童工劳动的排挤。对于工人阶级来说，性别和年龄的差别已经没有什么社会意义了。他们都是劳动工具，仅仅因为他们性别和年龄的不同而需要有多寡不一的费用罢了。(《共产党宣言》, 59)

如果说马克思关于妇女的本性的观点是正确的话，那么，男人的劳动怎么可能被妇女的劳动所"排挤"呢？难道生产的模式本身成为"女性化了的"吗？难道生产模式被改造得与女性的设定了的身体和智力的缺陷相一致了吗？只有当男人的劳动能够被妇女取代时，年龄和性别差异的社会意义才被取消了。这不仅是对马克思的性别歧视来说的，而且是对一种本体论——一种概念化了的经济学——来说的，在此本体论中创造性劳动为性别对立所限制。

另一方面，既然妇女是根据再生产的必要条件被定义的，作为一种可能性的界线的工资劳动的实施，就被妇女劳动的二元性特征——在家中和在"自由"市场上——破坏了。仅仅在它的性别所允许的范围内，妇女才是可剥削的。性别是劳动的最小公分母，由于它，阶级和年龄等所有差别被抹去了。同样地，只有当工资劳动是最本质的和不可缺少的构成部分时，妇女才是最可剥削的。

由于从根本上被这样决定了，关于妇女的身份（作为异化）的冲突就成为悬而未决的了。当然我们知道，如果妇女作为妇女是不能从她们的本性上被异化的，那么，基于同样的原因，她们在成为一个完满的人的希望方面被异化了；因为只有能够被异化，才具有成为一个完满的人的可能性。承认了这一点之后，马克思的声明，即革命的"政治灵魂"在于解放人性和建立"真正的人的集体性"的可能性，就站不住脚了。因为，当我们问革命是为了谁的问题时，"革命是为了人"的答案常常只能招致嘲讽。

继续革命

假如困扰马克思的劳动本体论的问题能够被解决的话，那么，不羡慕他的对个体与集体的关系的展望是很难的。作为对后来的批判的预示，马克思在 1844 年写作的《对〈普鲁士国王和社会改革〉一文的批判性评论》中，提供了一个共产主义革命政治灵魂的理想蓝图：

> 我们已经看到了：革命虽然被局限于一个工业区之内，从整体的观点来看，一个社会革命已经被卷进来了；因为这是一个反抗非人化的生活的人性抗议，因为它是从单个的现实的人的立场开始的革命，因为人反对人与他自身的分离的集体性是人的真正的集体性，是人的本质。如果没有政治影响来结束他们的分离状态，那么相反，革命的政治灵魂就在于单个阶级的倾向。（麦克兰，126）

因为对马克思来说，革命的政治灵魂在于"人的真正的集体性"，它的实施不能被设想为一个事件，而应该被设想为连续的（或永久的）在物质的和感性的世界中实现的人的本质的实践。在回答他的先前的声明所招致的激烈批评时，马克思试图提高和深化他的关于无产阶级暴动不可避免的条件的分析。

然而，迟至 1870 年他对法兰西内战的评论，马克思仍然认为他的原初构想是正确的；他评论说，法国革命"不是反对这个或那个合法团体、宪法、共和国或者国家权利的帝国

共产主义革命 117

主义形式（麦克兰，553）"，而毋宁是一个反对国家本身的革命，反对超自然主义的社会流产，为了人们自己的社会生活的一种重新获得。它不是一个仅仅从统治的一个部分转到另一个部分的革命，而是打破阶级统治本身的恐怖机器。（麦克兰，553）

马克思并没有被批判所屈服，也没有因为年龄的增长而变得温和，他仍然将国家当作一个"超自然主义的流产"，坚持他的批判的一贯态度。比如，在《共产党宣言》中，马克思说，"有人反驳说，私有制一旦消灭，一切活动都会停止，懒惰之风就会代之而兴。"（《共产党宣言》，70）。这是对共产主义的一个流行的批评。马克思以尖刻的语气回答说："这样说来，资产阶级社会应该早就因为懒惰而灭亡了，因为在这个社会里是劳者不获，获者不劳的。"（《共产党宣言》，70）

类似地，对资产阶级所言共产主义者要消灭家庭的说法，马克思认为不过是资产阶级的尖刻嘲讽的戏剧性碎片。与这种废除家庭将使共产主义者陷入反对上帝和自然的境地的抗议相反，马克思认为，这样一种抗议只有在上帝和自然是资本家的时候才有效：

> 消灭家庭！连极端的激进党人也对共产党人的这种可恶的意图表示愤慨。
>
> 现代的、资产阶级的家庭是建筑在什么基础上

> 的呢？是建筑在资本上面的，建筑在私人发财的制度上面的。这种家庭的完全发展的形态，只有在资产阶级中间才存在着，而它的补充现象却是无产者的被迫独居生活和公娼制。
>
> 资产阶级的家庭，自然会随着它的这种补充现象的消逝而消逝，两者都要随着资本的消灭而消灭。（《共产党宣言》，71）

尽管马克思的语气是极富煽动性的，他的观点仍然是：因为资产者的家庭是作为资本主义生产和消费的一个单元来被估价的，随着革命对劳动者，尤其是妇女和儿童的商品化的结束，它也就自然地瓦解了。革命并不危及家庭感情本身，而只危及可悲的被扭曲了的资产者的家庭，马克思质问道："或者你们责备我们，说我们要废止父母对子女的剥削吧？我们甘愿承认这种罪状。"（《共产党宣言》，71）

马克思论证说，在资本主义社会中，家庭不是一个感情的组织而是一个经济的组织的证据在于这样的事实，即当它在资产者中间存在时，它就不能在无产阶级中间存在。他总结说：

> 无产阶级中间的一切家庭联系，愈是因为大工业的发展而陷于破坏，他们的子女愈是被变成简单的买卖对象和劳动工具，那末资产阶级的关于家庭

共产主义革命　119

和教育、关于父母和子女之间的亲密关系的那一套大话，就愈是令人听来作呕。(《共产党宣言》, 71—72)

正如马克思希望剥去资产阶级的合法性（甚至神圣性）外衣——它遮盖了资产阶级婚姻的虚伪性——马克思认为资产阶级家庭也不是一种自然的关系。说它是一种天然关系，只不过是商品化所要求的对压迫的辩护的需要，揭露它的实质也是马克思的目的。

从马克思这些段落的轻快笔调可以看出，马克思不是在为家庭的买卖关系的结果作辩护，而毋宁是为了重新获得家庭的适当形式，这种家庭的形式符合他在乌托邦中对平等和个性的展望。他总结说，"从宗教、哲学和一般思想的观点对共产主义提出的种种责难，都不值得我们详细地探讨了。"(《共产党宣言》, 73)。无论如何，一个更加适当的批评——它与马克思对资本主义的批判相一致，但对劳动本体论所引起的问题更加敏锐——可能是，他没有将他的对家庭的分析进行得足够深入。正如一个对妇女团体的研究所表明的，性别在社会平等的决定中扮演的角色是变化很大的，它根据当时社会的经济、文化或历史条件而有很大的活动范围——与马克思的辩证唯物主义的精神和实质相反。基于持续革命是对感性世界——对马克思来说，就是"人"的"身体"——的转化的例证，要将妇女置于马克思的乌托邦理想之中——或作为实践或作为工资劳动——是很困难的。确实,理解妇女位置的最佳途径可能是把它理解为身体的一个部分,即由男人所代表的集体的身体——通过它,感性世界可以被转化。

无论如何,尽管我作了以上批评,我仍然要为一个更加真实的普遍的革命辩护,这种革命可以从马克思理想的精神中得出,目的是消灭一切形式的压迫。因为即使马克思没有将他的关于家庭的批判进行得足够深入,他的分析包含了一个远为广阔和持续的运动的种子。正如许多当代女权主义哲学家所认识到的,宗教、资本主义和隐性父权统治共同构成了一个可以称为世俗联盟的东西,其目的就是维持最少数白人——绝大多数是基督徒和富人——的霸权。任何值得付出汗水和眼泪的革命必须寻求削弱这种作为全球化的复杂的整体的联盟,否则,对任何人来说都不能找到反抗压迫的结果。

5

On Marx —— 马克思主义
与对压迫的批判

作为现象学的马克思主义

20世纪的作家和批评家斯坦(G. Stein)的系列短篇小说《三个人的生活》(1909年)中有一个叫"好人安娜"(The Good Anna)的角色。"好人安娜"是一个中产阶级底层的天主教英国妇女,她的整个一生都是作为一个仆人在为一个比她有身份的人服务。我的目的是利用斯坦的小说来说明一种解读作为现象学家的马克思的有用策略,即是说,在资本主义劳动本体论范围内的一个自我体验的叙述。

小说严肃而直率地叙述了安娜的生活和"方式"的编年,斯坦运用了句子重复和词汇省略等文体手段来捕捉安娜生存体验中转瞬即逝的感受：

> 布利津的商人们害怕听到"玛丝达小姐"的这个名字，因为"好人安娜"总是以这个名字来征服大家。当"好人安娜"说"玛丝达小姐"不可能付那么多，而且她能够在林特海姆更便宜地买到要买的东西之后，连最严格的不二价商店也发现他们不得不稍微便宜一点。林特海姆是安娜喜欢的商店，在那里他们讨价还价了好几天，最后面粉和糖以每磅便宜四分之一便士的价格售出。安娜过着一种勤勉而拮据的生活。（《三个人的生活》，1—2）

安娜的生活虽然不是马克思所举的工厂劳动的范例，但它充分说明了植根于马克思的劳动本体论和他的人性的性别差异概念的模糊性和内在冲突。安娜的生活经验可以根据马克思讨论的异化、出卖、劳动和消费诸主体来阐述，但在安娜那里也有一些方面不是马克思的理论可以解释的。比如，安娜既不属于一个男人也不对一个男人负有义务；她不是一个母亲，也不希望成为一个母亲。简单地说，安娜代表了马克思对劳动的体验的分析中许多错误和正确的方面。

安娜当然劳动，但她不是在一个可以一般地描述的工厂里劳动。她的工作是家庭内部的，但她仍然获得报酬。她作为一个劳动者接受工资,但这并不促进她牟取维持生活之外的利益的一点点念头,也不培养她与她那个阶级和地位的其他人的竞争意识。尽管不属于一个男人,但安娜希望有一个严格的以性别为基础的分工来控制自己以及他人的行为。她是一个老处女,按照她自己的地位身份她保有虽然很少但很珍贵的自律权利,且因其不为男人服务而获得了最大的生活乐趣。她没有自己的孩子,但她将她的自我价值的相当一部分与孩子的教育和教化相联系。她抱怨和愤恨她的经济与社会地位,但仍然将她的按等级划分的阶级的价值归因于她的佣人身份的衣着举止。根据她的阶级、性别和职位,安娜被赋予了权利,一种由她的生活方式——通过此种生活方式,她强迫自己作为一个长期受苦的佣人的意志——限制和强加的权利。在她的自我价值具体体现在她为玛丝达小姐付出劳动的方式上,她是被异化的。她也有一种使自己不成为马克思所谓的工厂劳作的机器的态度。她不能被指望做那些违反她自己的理性和身份的事情。她是"好人安娜",她"不能理解世界上所有的马马虎虎和其他的坏的生活方式,她总是完全憎恨这些东西。在安娜看来,没有一种方式是他们应当做的正当方式"(《三个人的生活》,40)。

安娜保留了对教堂圣事的信仰,但只参加过几次。对安娜来说,宗教是一个给定的不容商议的事实,但不是一种市场上卖的鸦片。除了一种由她的性别、种族和阶级所决定的生活的

"正当方式"，安娜不知道事情原来可以不是这个样子。因此，要看到什么样的环境条件的结合可以促使安娜将自己认同为无产阶级革命的一员，是很困难的；这种做法（成为革命者）在安娜看来，如果不是对她的雇主——雇主在安娜生活中的位置既不如工厂主那么遥远，也不是没有修理她的办法（如果有必要的话）——的背叛的话，肯定至少是一种卑鄙的行为。然而，除了一个人（肖杰博士）之外，另外两个人都是妇女；她们在社会中的位置给予她们权利，但性别本身对她们来说，并没有特别清晰的意义。通过帮助她的女主人促进女主人的事业，安娜直到最后仍保持了她自己的自律权利。即使在玛丝达小姐离开庄园把她的房子遗赠给安娜，安娜自己成了"主人"之后，她仍然忠实于她的自我概念，为男人们服务，就像她当初为她的女主人和主人服务一样。

性别辩证法

关于安娜的生存体验的分析——一种现象学——所说明的是马克思关于人的存在和劳动的理论的力量和局限性。假定了马克思在作为实践和异化的生存体验中所投资的价值，采用这样一种研究方法尤其有效。安娜的服务生活不仅是一个马克思的批判可以适用的劳动的例子，而且也是一个研究互相冲突的概念的线索的案例。概念的互相冲突是马克思的劳动本体论——尤其是当这一本体论与阶级、性别、种族和年龄相关的时候——的特征。安娜体现了一个无产阶级工作伦理及其异化的典型，同时也说明了马克思的劳动和人性概念不能完全说明的妇女的生活。

任何妇女都可以如安娜那样，在一个隐性父权统治的[①]资本主义的社会—政治结构中找到她自己的位置，这一点已经在一些最近的女权主义者，诸如艾莉森·贾格尔（Alison Jaggar）、海迪·哈特曼（Heidi Hartmann）、温迪·李（Wendy Lee）、唐娜·哈拉维（Donna Haraway）、罗斯·布鲁尔（Rose M. Brewer）和莱斯利·范伯格（Leslie Feinberg）中间引起了相当大的注意。尽管她们中的每一个理论家关注马克思主义哲学的不同方面，但她们大概都会同意，在对安娜的认识中，重要的是既不能把安娜的生活被归结为马克思关于男性工人的"动物机能"的描述，也不能忽视安娜的生活作为劳动的组织的一面。一个马克思主义的女权主义论述可以说明的是，"安娜"们的生活比"异化"所能概括的更为复杂，而这种复杂性与性别和劳动的关系密切相连。

安娜自己提供了这种复杂性的一个线索。除了生活在她的文化的深深的性别和宗教禁忌之中，安娜也与寡妇莱特曼夫人有过一段"罗曼史"：

> 在安娜的生活中，寡妇莱特曼夫人是她的浪漫遭遇。安娜第一次遇到她是在安娜的表兄——一个面包师，他非常熟悉小杂货商莱特曼先生——的房子里……莱特曼夫人是一个非常漂亮的妇人。她丰满圆润，有着橄榄色的皮肤，明亮的深色的眼睛和波浪形的黑色鬈发。她是一个快乐的、勾人的、富足且善良的妇女。她非常富有吸引力，慷慨大方，和蔼可亲。她比安娜年龄稍长，安娜马上就被她的魅力和同情心完全征服了。莱特曼夫人是安娜生命中的罗曼史。（《三个人的生活》，13—15）

在安娜日复一日的工作生活中，莱特曼夫人像是一道闪光。她向安娜敞开她自己，而且，从家庭经济到孩子培养的每一个方面都征求安娜的建议成了她的习惯。安娜只能按她能被打击的方式被打击，她是一个善良的德国女佣，她的浪漫体验被她的生活条件——她在此之中劳动、休闲交友——所限制。

就安娜对莱特曼夫人的爱慕关系很密切而言，这些生活条件被异化了；能否说这是一个浪漫史——它远非一个女同性恋者的浪漫史——的界限，无论怎样解释都是模糊不清的。安娜的浪漫史不能算贞洁，但没有感性的性欲，没有任何与肉体相联系的欲望；安娜用她生活中随手可得的方式表达她的浪漫倾向：忠诚、饥渴、无时无刻和耐心，标准的资本主义价值形式。

她自己并不认为这些表达方式是一种限制,而仅仅是"事物所应当是的方式",这一点可以说是一个马克思对异化的批判的证明。

当然,安娜的故事比这复杂。安娜的生活很难作为一个"动物机能"的例子。将安娜和莱特曼夫人的浪漫史与马克思关于使用他人(和他人的身体)的论述区分开来的,不仅仅是安娜的贞洁,而且是安娜的生活对婚姻和母性的社会期待的蔑视的程度。安娜的罗曼史不仅没有偏离而且是在构成妇女之间适当关系的范围之内进行的;它是非传统的,从中我们也完全看不到安娜对传统礼仪的坚持。然而,安娜确实拥有一段罗曼史——某种类型的罗曼史——而且因为她没有结婚,所以她既不在经济上依赖于,也不从人身上从属于婚姻的誓言。她可以自由地使用她的注意力在另一个妇女身上——正如她在她的生活条件下所做的。

安娜与莱特曼夫人的关系在某种意义上也是异化的,因为与她的所有其他关系一样,她与莱特曼夫人的关系也是由她的文化、阶级和性别的传统习俗所支配的;只不过安娜的适当的修饰促进了这种关系:

安娜这一天(去拜访莱特曼夫人)看起来好靓。她总是在衣着上小心翼翼,穿新衣服时十分谨慎。当她星期天外出时,她总是努力使自己符合自己心

目中一个女人看起来应该是什么样子的理想。安娜熟知生活中各个阶层的人的难看样子。(《三个人的生活》,19)

在安娜的生活中,异化透露的是一种不同类型的以性别划分为基础的辩证法(与马克思的以男女两性的性别为基础的辩证法不同),因为,当安娜看到莱特曼夫人不顾一切地花费和任意挥霍感情的时候,是礼仪使她的耐心成为可能。安娜的罗曼史被很好地局限在她自己的良心之内,她本身就是传统的一面镜子。安娜之去莱特曼夫人家只能被认为是回归到一个不同类型的家,而不是被认为是一种"动物机能"概念所描述的东西。情爱、倾谈、相互依存和逃避被当作商品利用等等可以很好地用来描述安娜的罗曼史,在此意义上,一个"家"远比马克思主义者关于人的生活的异化的构想更能切近地描述莱特曼夫人之于安娜的意义。安娜不能以和她的男性同事们一样的方式被异化:她不在她与莱特曼夫人的关系中寻求逃避;这不是一种休息,而是一种爱的劳动。

在莱特曼夫人家,安娜不仅发现了(人的)"退化",而且还发现了(需求的)"满足";不仅发现了(劳动之余的)"闲暇",而且还发现了(自我本质力量的)"确证"——尤其是在她所给予莱特曼夫人的孩子的帮助方面。安娜的罗曼史是一种性别辩证法,在其中,人与其本质的疏离被转换成一种自我为他人的升华；异化——通过驱除人的低级的欲望所面对的——由于安娜为莱特曼夫人所做的自我牺牲的女人气被升华了。在她的罗曼史中，除了对她的自我以及她相对自律的确证，安娜没有获得多少东西；这一事实说明了斯坦的观点：劳动阶级妇女不是马克思所设想的一切劳动者都应该是的男性，因而她们的劳动也不是马克思所说的本体论的类劳动。确实，与一般哲学传统一样，马克思对妇女似乎是视而不见的——尽管在马克思主义的批判中，有的女权主义者把它当作一种进步的东西。

马克思主义的女权主义批判

从一个女权主义者的视角来看，安娜与莱特曼夫人之间的关系不能单单被辩证唯物主义完全把握住。正如女权主义的马克思主义者海迪·哈特曼在其论文《资本主义、父权统治和职业隔离》中所表明的，马克思所缺少的是对隐性父权统治的社会和政治结构与资本主义之间的关系的分析：

> 我想说的是，在资本主义社会之前，一个父权统治的社会体系已经被建立起来了；在其中，男人在家庭中支配女人和孩子的劳动，并且在这样做的

过程中，男人们学会了等级组织和控制的技巧。随着公私分离——诸如由国家机器和建基于普遍的交换和生产单元之上的经济体系所创造的分离——的出现，问题成了一个男人控制妇女劳动能力的问题。换句话说，一个直接的个人控制系统（家庭之内的）被转换成一个间接的、非个人的、以社会程度上的组织机构为中介的控制系统。（哈特曼，147）

对哈特曼来说，这种原初地以性别分工为前提的父权体系，提供了使组织大规模生产的等级制度的组织形式成为可能的条件。父权统治体系主持了一切社会制度诸如婚姻、家庭、宗教与资本主义经济交换的形式的婚礼；资本主义经济交换形式下的劳动本体论是从"一个直接、个人的控制体系到一个间接的、非个人的控制体系"的翻译，即是说，资本主义，与支撑它的社会制度一样，其存在理由是它本身的再生产。

按照哈特曼的说法，男人所面临的问题，是继续保持对妇女——她们本身越来越频繁地进入工厂劳作场所，使得她们的劳动成为公共劳动而不是家务劳动——的劳动控制。"问题"是，资本主义既是父权统治的联盟，又是父权统治的敌人；因为，劳动既奴役妇女——如男人被奴役于工资一样，又使得妇女从对男人的经济依赖性中解放出来——至少在理论上如此。安娜尽管没有结婚，是给别人提供服务，但她仍然依赖于工资劳动的父权统治组织；然而，也由于安娜没有结婚，在给别人提供服务，所以在工资所允许的范围内她仍然是自足的。

也许在这里"允许"是一个关键词。根据哈特曼的理论，正如父权统治的家庭是资本主义生产本身的原型一样，它也提供了一个妇女的潜在的经济独立性"问题"的解决方式：

> 在我看来，在资本主义社会中，由性别差异所造成的职业隔离，是维持男人对女人的优越性的首要机制，因为它在劳动力市场上加剧了妇女劳动的低工资程度。低工资使妇女继续依赖男人，因为男人们鼓励她们结婚。已婚妇女必须为她们的丈夫从事家庭杂务。而男人则既从高工资又从家务分工中受益。（哈特曼，147—148）

通过保持妇女的低工资，男人们既在家庭内部也在劳动市场上维持对妇女的优越性。没有空洞的权力运作，男人的优越性延伸到一个非常广阔的机遇范围，包括较高的工资以及家务、生育和性的服务。妇女必须结婚的经济压力不仅来自于父权统治的家庭结构——在此之中，女人作为一个女儿被设想为需要摆脱的不利条件，而且来自一种商品交换的制度，这种制度要求一种不付酬的家务劳动。由于在家庭中的经济上的不利地位，女儿们的价值在这种社会结构安排之中，是由她们的婚姻能力来决定的。在此，婚姻本身是一种标准的经济交换形式（比如嫁妆）。

哈特曼等女权主义者的分析，既表明了马克思对资本主义批判的力量，也表明了它的局限性。利用马克思的概念框架，哈特曼表明了，一种已经被深深地打上了性别烙印的分工是如何成为系统性压迫——它以异化为特征——的原型的。正如在安娜身上所表现出来的，即使这种异化以一种与男人的异化非常不同的方式被妇女体验到，也并不意味着马克思主义的论述是完全错误的。

这样一种分析表明，一种不批判隐性父权统治的资本主义批判注定是不彻底的，而且是被深深地扭曲了的。哈特曼说：

> 因为性别分工和男性统治都由来已久，要把它们消除是非常困难的，当性别分工存在的时候，要消灭男性统治是不可能的。两者是如此不可摆脱地纠缠在一起，以致为了结束男性统治而消灭性别分工本身是必须的。解放妇女要求社会和文化的各个层次上的基本变革。（哈特曼，169）

这些"基本变革"，正如哲学家艾莉森·贾格尔所列举的，包括恩格斯所说的在内；恩格斯说过，妇女的解放要求家务劳动和孩子照养的社会化，只有这样，妇女才能成为无产阶级的完全自由的成员。但是，这样一种建议疏忽了像安娜这样的妇女——她的家务劳动和孩子护养都要求工资——的解放，对她来说，工资很难说是一种解放。因为这种妇女在资本主义社会和时代的隐性父权统治制度中占据着一个模糊的地位，如果她没有从其他人中被解放出来，就谈不上她从哪一个人中解放出来。承认了妇女压迫的双重性，共产主义革命就必须附加一种将妇女从隐性父权统治中解放出来的革命。

种族与革命

在其论文《种族、阶级和性别的理论化》中，罗斯·布鲁尔（Rose M. Brewer）论证说，女权主义者关于资本主义和隐性父权统治对妇女的双重压迫的分析在某些方面已经走向描述一幅更加完整的压迫图画。它们中的大多数假定白种妇女或白种男人的体验是有普遍性的，所以认为这种对压迫的估价是可以普遍适用的。罗斯论证说，即使当焦点聚集在劳动、阶级、性别和种族的交叉点上时，它们首先将自己奉献给改革者的目标——将已经边缘化了的黑人男子重新编入劳动力市场，一种与资本主义以及隐性父权统治的目的不相一致的事业。（布鲁尔，239—240）

"最近的黑人女权主义者认为"，在强调这种类型的分析

的错误时,她说:

> 现在黑人生活的一个关键的决定因素,不是黑人男子们对工作的边缘化,而是黑人妇女劳动的社会变革。进一步说,黑人妇女劳动的转变,与国家和经济的结构变化相联系,也与种族—性别分工的转换相联系。(布鲁尔,240)

布鲁尔在这里讨论的首要的结构变化是劳动的全球化,劳动的全球化是如此普遍,以致由妇女或少数民族所提出的更高工资的要求,由于廉价劳动力的进口,被系统地破坏了。罗斯表明了全球化是如何将黑人妇女的劳动产品的一些向上浮动的可能性消解于无形了。(布鲁尔,214—215)

如果确实存在一个"世界范围的潜在的劳动力库存",它随时准备被雇佣——这种雇佣大部分是不能支付家务劳动工资的——那么,经济和社会地位较低的妇女在家里和在大生产的市场力量中都会易于受到伤害。当生产本身被全球化了时,潜在的劳动联营同样抹去了公民身份和民族界限的区别。一个全球性的无产阶级的成员就是简单地承认,(由于经济强制)即使在一个所谓的民主社会中,某一个国家的公民身份也提供不了什么特殊的劳动保护。

然而,正如布鲁尔所表明的,这种经济强制根据主流文化的利益迅速地被合理化了，以保证那些已经被污蔑为懒惰、愚蠢或所谓的需要管教者自己为他们的贫困承担责任。诸如"贫困文化"之类的口号正在重新制造这样的信念：资本主义许可的是"机会"，只有与种族相联系的懒惰才是说明不能获得维持生计的工资的原因。人们用不着到更远的地方，去寻找"贫困文化"的存在的信念是如何证明自己的证据：在任何大城市的黑人社区中，广告板上为烟酒作的广告默默地站立着，在内容和形式上，都是市场营销老套的见证。这样的广告既不为维持全球性的联营提供任何东西，也无助于出售即使是最危险的产品给它的成员；唯一可以说明的是：马克思的"动物机能"的概念不仅仅是根基于性别差异，而且根基于种族差异。

从一个马克思主义者的观点来看，19世纪的宗教曾经起过的麻醉作用，现在可以由一种更加直接的手段——酒类商店和麻醉剂市场来取代了。酒精和麻醉剂都有助于压制通过一种外在标准来衡量一个人的价值的倾向。特殊的证据是不相关的；结结巴巴地说话是异化的一个最好显示，也是公众沉醉的好证明。对布鲁尔来说，重要的是，如果黑人穷人和劳动阶级的穷人被封锁在经济之外的现实被主流文化看作一种"贫困文化"的反映，那么，一种更加真实的画面会承认"在发达资本主义条件下，种族歧视、性别歧视和经济压迫的重铸"（布鲁尔，214）。

在发达资本主义社会，异化本身正经历着一种适应一个全球性市场的变化。"动物机能"这样的概念，如布鲁尔所表明的，需要以一个独立的批判性评价的方式，按照种族和性别被重新定义。无论将诽谤堆到"贫困文化"之上可能显得多么是那么回事，无论压迫的栽赃工具是多么有用，没有什么东西能够回避这一事实：种族歧视和性别歧视有助于地区和国家界限之外的利润的增长。在资本主义的机会主义文化中做黑人和女人，就是处于一种特殊的劳动地位，即是说，处于普遍地被隐性父权统治和资本主义体系——它现在仍然存在着，就像曾经被白人和男人控制一样——剥削的地位。如布鲁尔所言，"是白人的精英力量——他们根据利润的获取和种族性别的意识形态来做出决定——推动了全球化进程"（布鲁尔，241）。

给定了劳动的全球变化以及这种变化对那些已经极易受到最悲惨的剥削伤害的人的影响的证据，对于黑人和妇女的压迫持续到今天的事实也就不足为奇了。在布鲁尔看来，无论如何，最重要的、必须牢记在心的是这样一种变化，该变化"具有在这些包含广泛的结构变化的前后关系中将人的种族、阶级和性别的差异理论化的含义"。在这些关系中，有密切关系的不仅仅是劳动与性，还有劳动与种族："黑人妇女的劳动例证了一种建立在种族的规范和价值之上的、也建立在植根于性别分工中的物质安排之上的工资劳动的分工"（布鲁尔，241）。

问题必须包括布鲁尔的观点对马克思的诸概念发生了什么影响的分析。对种族和性别的意识形态的交织的分析是怎样影响我们理解异化、类存在和实践的方式的？如果对斯坦的"好人安娜"的一种现象学的解读能够表明马克思主义的概念是如何适用于一个女权主义者对马克思主义应用的目的，那么，从对"种族的规范和价值"所扮演的角色的解读中，我们能够得出什么样的可能的洞见呢？从资本主义和隐性父权统治的关系中我们可以知道什么呢？种族压迫为将权利保持在白人精英手中做出了什么样的贡献呢？革命到底又是为了解放谁呢？

性的被放逐者[②]

一些包括艾莉森·贾格尔、贝尔·胡克斯和巴巴拉·史密斯（Barbara Smith）等在内的性和种族研究的理论家，已经开始了雄心勃勃的对性的被放逐者的研究的计划。在她的《革命在哪里》的论文中，史密斯论证说，在种族和性别之外，在对"压迫"和"革命"的理论化过程中，隐隐约约地出现了另一种批判的结合点，即同性恋。史密斯详细叙述了她自己在19世纪70年代中期同性恋运动中的经验，史密斯写道，因为她

> 走出了黑人解放、妇女解放以及最重要的——新出现的黑人女权主义运动的藩篱……我离开了与一切"主义"相联系的假设的工作。对任何被压迫

> 的人来说，包括男女同性恋者，在这种体系之下要想获得自由是不可能的。警察局的走狗、驱赶畜生的棍棒、救火用的皮管、贫穷、郊区的叛乱、维也纳的战争、暗杀、肯特州、对妇女的不受压制的暴力、不切实际的自我牺牲以及我们的情感和身体所经验到的暴力，使得矛盾十分清楚了。没有任何一个神志清醒的人需要这个既成秩序的任何部分。这是这样的一个体系——白人权力至上、厌恶女人、资本主义、恐惧同性恋——使得我们的生活始于如此的艰难之中。（史密斯，249）

史密斯论证说，那些最可能被剥夺权利的人——如果预先没有被从马克思的无产阶级的成员中排除——就是那些对他们来说革命变得最为迫切的人，即妇女、有色人种、女同性恋者、男同性恋者以及其他被主流文化所"放逐者"。

与布鲁尔一样，史密斯说明了，无产阶级不仅仅是由被异化的白人——通过在家庭中履行他们的动物机能，他们发现很少有闲暇——所组成，而且还由那些其社会地位使家庭的稳定性陷于险境的人所组成。在马克思的论述中，"家"是由男性的性欲和妇女对家务的操劳来定义的；在此意义上，家对那些并不认同异性恋者的价值和规范的人的意义是模糊不清的。加上上述史密斯所述的现实危险——比如，潜在的被逐出家庭的毁灭性的后果——这一点就变得很清楚了：她的主张——同性恋体现了对传统细胞式家庭的一个内在的激进批判——必然是建立于那些"性的被放逐者"所遭遇的暴力的基础之上的。

根据史密斯，"传统的细胞式家庭的政治功能已经限制了性欲的表达和它的所有成员——尤其是妇女、女同性恋者和男同性恋者——的性别角色"，而且这种限制是按照有利于保持一种父权统治的家庭概念和一种以性别分工为基础的劳动本体论的原则来实施的——它保证了由隐性父权统治的资本主义所赋予权利的那些富有的、被假定为正直的白人的持久特权。"人权运动协会"报告可以为上述观点作佐证。报告说，在1999年12月发行的《走出去》（Out）杂志表明，当变性男人的年平均收入是24979美元，女同性恋者的年平均收入只有17497美元，而变性妇女的年平均收入只有9038美元（《走出去》，113）。女同性恋双方的收入与变性同性恋双方的收入相匹敌的原因（45166美元和47193美元），要根据以下事实来理解：即在变性同性恋情况中，统计上的可能性是，主要收入是由一个男性的家庭生计承担者赚取的；而在女同性恋的情况中，双方都可能赚取大约20000美元，这是一个由男同性恋者的平均家庭收入（58366美元）与变性家庭的平均收入相比较而产生的结论。

与史密斯一样，变性理论家和作家范伯格（L. Feinberg）将由性而来的经济上的不平等解释为资本主义生产的一个不可避免的结果——其性别规范的强制性对保持异性主义者③的权利结构是关键性的。（范伯格，233—234）那么，拿什么来解释男同性恋者较高的收入呢？范伯格解释说，尽管由于欧洲的"工业革命"而被赋予了权力，"资本家仍然利用许多传统的偏见，尤其是那些有利于他们的划分和征服的政策"；然而他们也提供了新的"蒙混过关"的机会，即为了生存、为了逃避因为不遵从主流文化所认同的规范而被施加的暴力而伪装成变性者。（范伯格，233）对性的"被放逐者"来说，相对安全的道路——如果不是争取财富的话——就是"蒙混过关"。

史密斯在现代同性恋权利运动中重申了这一点，她说：

> 同性恋白种男人们的种族、性别和阶级的特权，加上他们的众多的人数——他们认同这种体系而不是不相信这种体系——已经使得现在的同性恋运动的政策与其他以身份认同为基础为争取社会和政治变革的运动非常不同。（史密斯，250）

比如，"木屋共和国"这个绝大多数由白种男人组成的、财政上保守的同性恋组织，他们的政治目标是拒绝资本主义企业的联合管理，其实质是与异性关系的对应组织一致的。无论如何，即使更加有争议的政治目标也清楚地表明不是革命，而是改革、是融入隐性父权统治的资本主义体系。"木屋共和国"对影响妇女和少数人而不影响他们的保守的同伴的立法几乎没有任何的投票记录。

那些有争议的政治目标包括：结婚的权利，在申请健康保险和生命保险等福利时与同性恋同伴一起办理的权利，所得税返还的权利。但是我们必须看到的是，当表达这些目标的语言是由典型的关于权利的语言构成时，在一个资本主义体系之内的权利本身只有作为经济权利才有意义。所有这些权利：结婚、保险和所得税返还都伴随着经济利益；权利，就是给那些已经从一个体系获益的人支付现金，它以许多其他彻底的同性恋公民为代价使作为白种的男性的他们受益。

人们可以反对说，如果没有结婚的权利，为这个体系支付现金就使得即使是那些白种同性恋男人也只能躲在厕所里面临性的压迫了。这是真的。但当被迫躲在厕所里的压力影响了一切男同性恋者、女同性恋者、双性恋者、性欲颠倒者以及在这样一种文化中的变性者的生活时，那么，年收入58000美元的人就远比年收入45000美元甚至更少的人舒适了。对于美元在道德上与被压迫的体验不相关的回答，我们可以说，在这样一种深深地植根于保持消费权力的文化中，这种美元无关论无疑是一种"错误意识"。如史密斯所指出的，"木屋共和国"曾经因为这种错误而被指责过，而且，享受闲暇——用来思考一个人是否能够与其他人一样被压迫的可能性——是经济上的一个很大的奢侈。

"蒙混过关"与富裕生活的其他配备一样，是一个可以购买的商品，有些人比另外一些人更容易得到它，而多数人则没有那么幸运。因"蒙混过关"被抓住而遭受的严厉惩罚使得资本主义和隐性父权统治体系之间的关系很清楚了：

> 在17世纪末的英格兰，一个人因蒙混过关而遭受的惩罚，是给他套上枷锁，装在一辆打开的马车中，拖着游街。直到1760年的法国，男女换装的同性恋者被活活烧死。虽然有严厉的刑罚，整个欧洲妇女和男人一样常常蒙混过关。蒙混过关在17世纪和18世纪是如此普遍以致成了小说的主体。（范伯格，233）

斯坦的"好人安娜"就可以作为这样一种小说来阅读。因为，当斯坦把安娜与莱特曼夫人的关系作为一种罗曼史来描写，因而使得安娜与莱特曼夫人的关系和她与其他女人的关系不同时，不存在什么性违法行为。相反，由于和传统习俗的一致，安娜和莱特曼夫人"蒙混过关"了。几乎是一幅对异性性关系的规范和价值观的讽刺漫画："好人安娜"依靠对她所服务的人的期待而生活。然而，通过安娜对莱特曼夫人经济上的慷慨态度所表现出来的自律，使她"跨性"了，因为她在性上的表现既不是妻子型的也不是丈夫型的，因而也是不能在单纯的狭窄的资本主义批判的范围内得到估价的。只有一种关于性别规范如何被强制遵循的分析才能提供更完整的说明。

如果布鲁尔、范伯格和史密斯是正确的，那么，一种对父权统治和资本主义关系的分析也是不够的。如果没有对各种由种族、性别、性别表达的方式和性取向等所发生的复杂作用的分析，没有一种革命是可能的。史密斯论证说：

> 如果同性恋运动最终想获得一种不同于现状的真正结果，而不是作为施舍品一类的东西，那么它必须考虑制作出一份多方位的革命议程表。这不是为了政治的正确性，而是为了胜利。正如黑人女同性恋诗人和战士安德鲁·罗尔德所声言的："主人的工具不会拆除主人房屋。"对我来说，仅仅有同性恋的权利是不够的，我怀疑对我们大多数人来说，它们是否足够。坦白地说，我现在想要得到的，是30年前我参加民权运动时所要争取的同样的东西和20年前我参加妇女运动时所要争取的东西；这些东西从我脑子里冒出来，比曾经可能梦想的更加鲜明生动，那就是"自由"。（史密斯，252）

史密斯所指的自由只是从马克思的《共产党宣言》的展望中抛出的一块石头：

> 共产党人认为隐瞒自己的观点和意图是可鄙的事情。他们公开宣布：他们的目的，只有用暴力推翻全部现存的社会制度才能达到。让那些统治阶级在共产主义革命面前颤抖吧。无产者在这个革命中失去的只是自己头上的锁链。而他们所能获得的却是整个世界。
> 全世界无产者，联合起来！（《共产党宣言》, 91）

女权主义、种族歧视和同性恋的理论化表述所表明的是，对伴随着多种形式的压迫——它不能被简化为仅仅是经济压迫——的批判性评估的"联合起来"的召唤注定是远远不够的。一种为了既得利益者的革命不是革命；诸如"木屋共和国"这样的改革者的议程表仍然安然地停留在对"主人的工具"的占有上，而不可能创造一种更加普遍的自由。这些理论家所描述的革命所要求的，是一种比马克思所想象的远为激进的无产阶级：一个无产阶级——其目的不仅仅是资本主义的终结，而且还有支撑资本主义的异性主义和种族主义制度的终结；一种运动——它的面孔反映它的成员们的各种肤色、性别和阶级。

译注：

① "Heteropatriarchal"，隐性父权制的。作者从女权主义的角度认为传统社会是一种父权统治的社会，资本主义也不例外；而马克思的批判没有注意到这一点，因而他思想中的人类社会

无非是一种隐性的父权社会。

② "Outlaws"，被放逐者。作者的意思是，在传统的家庭观念和主流文化中，只有异性的结合和婚姻才被认为是正当的；同性恋者，作为对传统的偏离，是性的"被放逐者"。Gender Outlaws，似也可译为"性变态者"，但根据作者对此类性关系所持的同情态度，同性恋并不是"变态"，也是一种正常状态。

③ "Heterosexist"，异性主义者，指主张异性之间的性关系和婚姻才是正常的两性关系的人。作者在此讨论女同性恋者、男同性恋者以及男女变性之后的同性恋者在社会中的经济地位，以说明传统的父权统治家庭观念和政治结构是压迫的主要原因之一。

6

On Marx ———————— 马克思主义和生态学

实践和"自然"

哲学家和生态学女权主义者卡罗琳·麦钱特（C. Merchant）为辩证唯物主义——它强调在人的生产和人的自我概念的形成历史中环境所起的作用——辩护说：

对马克思来说，变化的进程是辩证的——人创造他们自己的历史。将人从动物中区分出来的是他们的生产能力，使用工具和语言的能力。人通过工具和劳动将外在自然改造成为一种不同类型的产品。采集—狩猎，园艺畜牧，封建主义，资本主义和社会主义

是以不同的方式改造自然的生产的不同类型。(麦钱特,136—137)

这种"生产、使用语言和工具的能力"构成马克思的实践观念的核心特征。实践将人从非人的自然中区分出来,它是一种对自然的占有,其结果不是毫无逻辑的,而是辩证的,因而是历史的。我们通过改造自然——它的意义不仅仅是生活资料的再生产——而创造历史。实践标志着那些结果的产生——它反映了这样一种类存在物:正如自然通过它的形体物质化它自己,这种存在物通过语言和工具超越它自己。历史是环境的历史,因为环境是在这种类存在物的语言和工具中产生的具有说服力的叙述,即是说,它是这样的一种类存在,关于它,由于对过去发生和未来将要发生的历史事件的一种深思熟虑,一种道德视角的发展就有了可能。

在这一叙述中,实践从根本上说来是一个生态学的概念;它是人类共同体的构成性的东西——这个共同体根据并且努力按照一些比如亚里士多德所说的"自我实现"的概念来行动。也就是说,人类没有认识到人类的美好生活依赖于其他的种类和生态系统,并且依赖于人类与它们的相互作用。"自我实现"在它的唯物主义本体论和它内含的道德禀赋两方面描述人类。生态女权主义者克里斯·科莫(Chris Cuomo)在《女权主义和生态共同体》中很好地表达了这一观念的精神,她写道:

> 生态学的女权主义起始于生物学和社会学的事实：个体不是原子，我们是社会的同时是独特的。如果没有其他人的、生态系统的、生物种类的"自我实现"，人们就不可能"自我实现"，在一个生命共同体中没有一个东西能够凭它自己"自我实现"。从共同体中被抽取出来就是破坏了为各种生命提供意义、实质和物质资料的关系和环境。（科莫，74）

尽管科莫所指的未必是亚里士多德的"自我实现"观念的马克思主义的运用，她的评论与我关于异化的大部分论述是一致的。"从共同体中被抽取出来"就是被剥夺了为创造意义提供条件的关系和环境。这种说法强化了这一论点：意义是创造性劳动——其本身依赖于那些环境和关系——的演进的产物。从马克思主义的观点看来，实践构成这些关系的实质；从共同体中被抽取出来就是从生命的实质中被异化出来。

以此看来，生命共同体中的任何东西都不能凭其自身而自我实现，任何东西——有机物或无机物、人类或非人类、自然的或文化的、生物或非生物、男性和女性——都构成风景的一个特征。自我实现就是在道德和本体论的制约之内的创造性的劳动。为"他人"——被设想为既是自律的也是与一个自我相联系的——的美好生活而感动打破了将世界的价值二分化的倾向。正如女权主义哲学家们所表明的，辩证的进程不可能有这么整齐。这种二元论的历史与促进"他人"之善很少有什么关系。

环境和革命

如果我们比马克思本人更严肃地对待辩证唯物主义，我们发现，实践可以被改造成为更加进步的革命理想的工具。根据哈特曼、布鲁尔和史密斯的论述所设想的，革命的目标是结束一切形式的压迫。这不是一种无足轻重的老生常谈——创造性劳动与异化劳动一样陷入唯物主义的框架之内。女权主义者柯克（G. Kirk）论证说，生态学女权主义者

> 需要理解和挑战环境破坏的根源：建立于高度军事化和资本主义经济之上的工业化国家的优越性、价值观念和生活标准已经不可持续了。一个唯物主义的框架将经济的和政治的制度看作生态上不明智的投资的作孽者。它让人看到跨越种族、阶级和民族界限的全球联系，并建立一个跨越这些不同界限的联盟。（柯克，346）

如果柯克是对的，环境破坏的根源等于是异化劳动，即资本主义经济。如果挑战资本主义的目标是结束跨种族、阶级、

民族、性别、性别认同和表达的一切压迫，那么，它的革命者必须发展出一个唯物主义的劳动概念——它能够说明它自己的环境含义，可持续发展或者别的情况。

没有这样的一个概念，任何一种指向结束压迫的革命都注定是对它自己的身体，即它的集体意志和环境——这是革命有效性的基础——的过早消耗。因为，即使在"自我实现"的人类中心论观点的狭窄范围之内，革命至少要获得那些对于实现自由来说本质相关的东西，即可耕种的土地、清新的空气和清洁的水。然而，如瓦达纳·西瓦（Vandana Shiva）在《发展、生态和妇女》中所言，许多人仍然不能获得那些即使是最基本的商品，尤其是妇女和儿童：

> 发展中的殖民地国家的经济政治进程（资本主义的全球扩张）带有现代西方父权统治体系的清晰印记：当大量的男人和女人由于这些进程而贫困化时，妇女要失去得更多。为了税收的土地私有化尤其严酷地排挤妇女，侵蚀她们传统的土地使用权。现金代替农作物的扩张破坏了粮食生产，当男人们迁徙走了或者被殖民者征用来进行强迫劳动时，妇女只能吃粗劣的食物，并照顾小孩、老人和弱者。很少有例外，妇女们获得经济资源和收入以及被雇佣的渠道已经恶化了，她们的工作的负担加重了，

> 她们的相对的或绝对的财富、她们的食物和教育地位下降了。(西瓦，171)

由于短见和父权体系，西方类型的"男性发展"削弱了它自己的资源——在它的将大农业和制造业生产引进第三世界各民族的要求中的环境和人两方面的资源。这种劳动带着人和生态破坏的印记，因为类存在是自然的身体的呈现。人类的福利不仅受到污染和环境资源侵蚀的影响，而且还在它与自己、与他者以及与地球的关系中被改变。

不仅是唯物主义的，而且还是辩证的，在劳动生产产品同时也生产环境变化的意义上，人与环境的关系是历史的。正如麦钱特所言，通过"语言和工具"的使用，人类记录了人类行为的多种方式；这些行为是至关重要的，或者如西瓦所言，不是相对的，而是绝对的。看看西瓦举的例子：

> 埃塞俄比亚的饥荒部分地是一个创造真正的贫穷的例子，这种贫穷是由致力于消除文化地理解的贫穷的发展所造成的。商业化的农业（由外国公司资助）将游牧部落从他们传统的牧场上赶走，导致这些游牧部落在贫瘠的高原地上为了生存而斗争，而这又引起了生态系统的恶化，导致牛群和游牧部落的饥荒。在高原上，市场经济与生存的经济和自

然的经济是相互冲突的。这种新的贫困,已经不再是文化的相对的贫困:它是绝对的贫困,威胁着高原上数百万人的生活。(西瓦,177)

在此,全球规模的资本主义生产的结果是环境变化能力的不可避免的枯竭。尽管马克思对人类解决由劳动剥削所造成的问题的技术能力也抱着乐观主义的态度,他至少已经意识到大生产给环境带来的一些可能的后果。他评论了工资劳动和资源退化的关系,而且他承认"土地的肥力"退化与企业主之间的竞争直接成正比。如麦钱特所言:

在《资本论》中,马克思分析了资本主义生产模式的生态方面的后果。他论证说,资本主义农业,远比公有种植浪费和剥削土地。土地的肥力退化了,因为市场的竞争性不能允许大农场主和田农引进额外的维持土地的肥力所需要的劳动和花费。马克思评论说,资本主义农业"在技艺上"进步了,它不仅劫掠劳动者,而且劫掠土地。(麦钱特,139—140)

如麦钱特所言,以"自然的死亡"为代价,资本主义的"技艺"创造了它的产品、政府、宗教和文化。"资源"的观念是资本主义文化的创造,因为它标示了,"资源"的变形不是透露了人类良心的经纬线,而是直接的原始的可剥削性——通过它,其他形式的自然,包括人的自然,成了可异化的使用对象。在一个重要的方面上,"资源"的观念暗示了即将到来的人与自然的异化,也即人与作为自然的自身相异化。

由于受到马克思的影响,这种社会和环境关系的动力学,在当代社会生态学家如詹姆斯·奥康纳(James O'Conner)的著作中,已经受到相当的注意。奥康纳说:

> 首先,自第二次世界大战以来,西方资本主义的活力植根于生产的社会和生态消耗的大规模国外化。通过现代危机的全球性资本积累已经——不仅在财富和收入的分配、社会正义的规范以及少数派的待遇等方面,而且还在环境方面——产生了更加严重的毁灭性后果。经济和社会正义问题以及生态正义的问题已经比历史上任何一个时期都更加严重地浮现了出来。事情越来越清楚,经济和社会正义与生态正义事实上是同一历史进程的两个方面。(奥康纳,410)

对奥康纳来说,大生产必然伴随着这些后果是不足为奇的;压迫对资本主义是有利的,因为它为资本家在什么东西构成一种资源和什么是不能被剥削的东西之间做出了唯一的价值区分。

很少有东西被纳入后者的范围中。我们所需要的是对各种复杂关系的批判性研究的工具,比如,南美山村的一个婴儿药厂的建造,收入分配,母亲健康,一个非洲的"发展中"民族的干旱,内战和地区战争,艾滋病和食物援助的分配之间的关系。请考虑一下可饮用水的获得、出生率的可控制性和为了维持生计的橡胶林开发的森林采伐之间的关系;或者,请考虑一下经济高压和种族偏见之间的关系:在一个部落会议的抉择中,他们同意选择一个地址存放一种放射性废物,而美国本土却要作为保留之物。如果没有人做这种工作来解决这些问题,没有一种革命能够成功;与一种历史的辩证唯物主义观点相结合的实践,对创造一种作为可认识的正义的预兆的革命理想,可以有重大的贡献。

可持续(发展)的可能性

如果说全球规模的大生产的结果是人与非人的自然的死亡,那么,政治行为主义——它具体体现了一种活的实践——产生的是可持续发展的可能性问题。劳动不仅可能使那些被认为是给定的东西发生退化,还可能使历史地发生的新东西退化。无论这新东西是什么,一旦它出现以后,它就不能被复归为它出现时的原初条件;这些条件本身也面临着同样的物质和社会力量，也要发生变化。这种进程永远不可能只是同一过程的重复；它们是历史（地发生）的，当人类把它们当作一种意识的反省来估价和记录这种进程的产品时，它们能够成为一种进步，而不仅仅是一种连续。这种叙述（进程）给我们讲述的是，作为一个更大的整体之部分的物质性的自然是如何意识到它自己的利益的故事。

正是在这一意义上，实践开始有了一种特殊的道德意义的方面；因为作为"自我实现"这样的意识不能不伴随着这样一种认识，即任何事物或系统的"善"是与它自己的行为紧密相连的。这样的意识认识到几乎一切人类行为都构成环境变化的某些形式。实践给我们提供了一种从人类的"自我实现"的角度来看待人类行为的方式；这种角度不只是工具性地理解劳动，而且，正如科莫所指出的，还伦理性地理解劳动："如果道德地估价一样东西不是指促进它的'善'"，她论证说，"那么伦理价值要么是不起作用的，要么是一种可以化归为经济价值一类的东西。只有当我们的价值和判断不只是围绕着我们自己的利益来旋转时，我们的思想才是伦理的"（科莫，64）。

这样一种实践是与马克思主义的类存在生态学相一致的，但是它避开了劳动本体论的陷阱；劳动本体论仍然陷溺于西方传统的价值二元论之中，尤其是那些认为人、文化、白种人和男性是超越于和对立于非人、自然、非白种人和女性的传统。这种实践的构成要素是一种持续不变的价值和对物质世界以及居住者的尊敬。这个世界不能被设想为一个与自我相对的"他者",而毋宁应该被设想为一个人的身体的外观,就如它被世界所影响,它也通过劳动来影响这个世界一样。进而,实践的身体本身既应根据个体的自律行为被设想,也应根据文化、地理、宗教、种族、性别、性取向、历史、年龄和能力等的相貌被设想。

实践是人类"自我实现"的心脏,是个体和群体的幸福的根源。"自我实现的概念是一种可以应用于个体也可以应用于社会共同体的东西——个体和公共的自我实现辩证地互相促进。"(科莫,75)正如实践是无产阶级革命的一个核心概念,自我实现是实践理想的核心观念;实践理想能够支持一种革命:革命的使命是结束一切形式的压迫,并设想一个其成员能够永远自我实现的乌托邦。这种理想需要编入生态学女权主义的经纬线之中。正如哲学家唐娜·哈拉维所言:

> 在"西方的"科学和政治学传统中——种族主义、男性统治的资本主义的传统;进步的传统;将自然作为文化生产的资源来占有的传统;从他人的反映中再生产自我的传统——有机论和机械论已经是一场疆域战争。战争争夺的是生产、再生产和想望之间的边界线。这篇论文是论证边界混乱的快乐,也是论证在其建造中的责任。(哈拉维,581)

我的这本书也一样。作为一种古老的值得尊敬的哲学事业，如果不诉之于快乐和责任，就没有一种革命是明智的。同样，如果我们没有能力在责任中体验快乐，那么没有一种社会的或经济的体制能够被认为是正义的；这种责任留赠给了"我们"，正如维特根斯坦所言，这个"我们"能够意表它所指的东西。

On Marx ———————— **参考书目**

马克思著作的部分英译本

《1844 年经济学哲学手稿》（*The Economic and Philosophic Manuscripts of 1844.* Trans. Martin Milligan. Ed. Dirk J. Struik. New York：International Publishers，1964.）

《德意志意识形态》（*The German Ideology.* Ed. C. J. Arthur. New York：International Publishers，Eighth Printing，1981.）

《共产党宣言》（*The Communist Manifesto.* Ed. Martin Malia. New York：Penguin Putnam，Inc.，1998.）

《政治经济学批判导言》（Grundrisse：*Introduction to the Political Economy.* Trans. Martin Nicolaus. New York：Random House，1973.）

《卡尔·马克思：社会学和社会哲学选集》（*Karl Marx*：*Selected Writings in Sociology and Social Philosophy.*

Trans T. B. Bottomore. New York：McGraw-Hill Book Company，1956.）

《卡尔·马克思：早期著作》(*Karl Marx：Early Writings.* Trans T. B. Bottomore. New York：McGraw-Hill Book Company，1963.）

《卡尔·马克思：选集》(*Karl Marx：Selected Writings.* Ed. David McLellan. Oxford：Oxford University Press，1977.）

《马克思袖珍读本》(*The Portable Karl Marx.* Ed. Eugene Kamenka. New York：Penguin Books，1983.）

缩 略 语

EPM《1844年经济学哲学手稿》(*The Economic and Philosophic Manuscripts of 1844*）

GI《德意志意识形态》(*The German Ideology*）

CM《共产党宣言》(*The Communist Manifesto*）

IRH《黑格尔哲学著作导论》(*Introduction to the Reading of Hegel*）

部分参考论文和著作

西奥多·阿多尔诺、马克斯·霍克海默："启蒙辩证法"，载于《大陆哲学选集》（Adorno, Theodor and Max Horkheimer. "Dialectic of Enlightenment". *Continental Philosophy: An Anthology*. Ed. W. McNeill and K. S. Feldman. Malden, Massachusetts: Blackwell Publishers, Ltd. 1998, pp. 253-259.）

艾赛亚·伯林：《卡尔·马克思》（Berlin, Isaiah. *Karl Marx*. New York: Time, Inc., Book Division, 1963.）

罗斯·布鲁尔："种族、阶级和性别的理论化：黑人女权主义知识分子和黑人妇女劳动的新学派"，载于《唯物主义的女权主义：阶级、差别和妇女的一种解读》（Brewer, Rose M. "Theorizing Race, Class, and Gender: The New Scholarship of Black Feminist Intellectuals and Black Women's Labor". *Materialist Feminism: A Reader in Class, Difference, and Women's lives*. Ed. R. Hennessy and C. Ingraham. New York: Routledge, 1997.）

克里斯·科莫：《女权主义和生态共同体：一种关于自我实现的伦理学》（Cuomo, Chris J. *Feminism and Ecological Communities: An Ethic of Flourishing*. New York: Routledge, 1998.）

劳拉·道、温迪·林恩·李："同性恋的生态女权主义：关于一种生态学的女同性恋哲学"，载于《伦理与环境》(Dow, Laura and Wendy Lynne Lee. "Queering Ecofeminism: Toward a Lesbian Philosophy of Ecology", *Ethics and the Environment* 6.2.)

弗里德里希·恩格斯：《家庭、私有制和国家的起源》(Engels, Frederick. *The Origin of the Family, Private Property, and The state.* New York: International Publishers, 1942)

莱斯利·范伯格："变性解放：一场已经来到的运动"，载于《唯物主义的女权主义：阶级、差别和妇女的一种解读》(Feinberg, Leslie. "Transgender Liberation: A Movement Whose Time Has Come". *Materialist Feminism: A Reader in Class, Difference, and Women's Lives.* Ed. R. Hennessy and C. Ingraham. New York: Routledge, 1997.)

唐娜·哈拉维："宣言：在最后四分之一世界里的科学、技术和社会主义的女权主义"，载于《妇女、阶级和女权主义的理想：一种社会主义的女权主义的解读》(Haraway, Donna. "A Manifesto for Cyborgs: Science, Technology, and Socialist Feminism in the Last Quarter". *Women, Class, and The Feminist Imagination: A Socialist Feminist Reader.* Ed. K. V. Hanson and I. J. Phillipson. Philadelphia: Temple

University Press, 1990, pp. 580-618.)

海迪·哈特曼:"资本主义、父权体制和工作中的种族隔离",载于《妇女、阶级、和女权主义的理想:一种社会主义的女权主义的解读》(Hartmann, Heidi. "Capitalism, Patriarchy, and Job Segregation". *Women, Class, and The Feminist Imagination: A Socialist Feminist Reader.* Ed. K. V. Hanson and I. J. Phillipson. Philadelphia: Temple University Press, 1990, pp. 146–181.)

黑格尔:《精神现象学》[Hegel, G. W. F. *Phenomenology of Spirit* (*Mind*). Trans. A. V. Miller. Oxford: Oxford University Press, 1979.]

黑格尔:《法哲学》(Hegel, G. W. F. *Philosophy of Right.* Trans. T. M. Knox. Oxford: Oxford University Press, 1952.)

贝尔·胡克斯:《女权主义理论:从边缘到核心》,[hooks, bell (Gloria Watkins). *Feminist Theory: From Margin to Center.* Second Edition. Cambridge, Massachusetts: South End Press, 2000]

艾莉森·贾格尔:《女权主义政治学和人性》(Jaggar, Alison. *Feminist Politics and Human Nature.* Totowa, New Jersey: Rowman and Littlefield Publishers, Inc., 1988.)

格温·柯克:"站立在坚实的基础上:一种唯物主义的

生态学的女权主义",载于《唯物主义的女权主义:阶级、差别和妇女的一种解读》(Kirk, Gwyn. "Standing on Solid Ground: A Materialist Ecological feminism". *Materialist Feminism: A Reader in Class, Difference, and Women's Lives.* Ed. R. Hennessy and C. Ingraham. New York: Routledge, 1997, pp. 345-363.)

亚历山大·柯耶夫:"黑格尔哲学著作导论",载于《大陆哲学文选》(Kojeve, Alexandre. "Introduction to the reading of Hegel". *Continental Philosophy: An Anthology.* Ed. W. McNeill and K. S. Feldman. Malden, Massachusetts: Blackwell Publishers, Ltd., 1998, pp. 153-160.)

温迪·李-兰普希尔:"马克思和性别意识形态:实践和自然的悖论",载于《现代西方哲学中的批判女权主义著作》(Lee-Lampshire, Wendy. "Marx and the Ideology of Gender: A Paradox of Praxis and Nature". *Modern Engendering: Critical Feminist Readings in Modern Western Philosophy.* Ed. Bat-Ami Bar On. Albany, NY: SUNY Press, 1994.)

卡罗琳·麦钱特:《激进的生态学:寻找一个可生活的世界》(Merchant Carolyn. *Radical Ecology: The Search for a Livable World.* New York: Routledge, 1992.)

詹姆斯·奥康纳:"社会主义和生态学",载于《环境哲学:从动物权利到激进的生态学》(O'Conner, James. "Socialism and Ecology". *Environment Philosophy*:*From Animal Rights to Radical Ecology*. Ed. M. Zimmerman. Upper Saddle River, New Jersey:Prentice Hall, Second Edition, 1998, pp. 407-415.)

瓦达纳·西瓦:"发展、生态学和妇女",载于《应用伦理学》(Shiva, Vandana. "Development, Ecology, and Women". *Applied Ethics*. Ed. L. May, S. Collins-Chobanian, K. Wong. Upper Saddle River, New Jersey: Prentice Hall, Second Edition, 1998, pp. 170-180.)

格特鲁德·斯坦:《三个人的生活》(Stein, Gertrude. *Three Lives*. New York: Dover Publications, Inc., 1994.)

卡伦·沃伦:"生态学女权主义的力量和希望",载于《环境哲学:从动物权利到激进的生态学》(Warren, Karen. "The Power and the Promise of Ecological Feminism". *Environmental Philosophy*:*From Animal Rights to Radical Ecology*. Ed. M. Zimmerman. Upper Saddle River, New Jersey: Prentice Hall, Second Edition, 1998, pp. 325-344.)

|悦·读人生|书|系|

生为人，成为人，阅读是最好的途径！

品味和感悟人生，当然需要自己行万里路，更重要的是，需要大量参阅他人的思想，由是，清华大学出版社编辑出版了这套"悦·读人生"书系。

阅读，当然应该是快乐的！在提到阅读的时候往往会说"以飨读者"，把阅读类比为与乡党饮酒，能不快哉！本套丛书定位为选取国内外知名学者的图书，范围主要是人文、哲学、艺术类。阅读此类图书的读者，大都不是为了"功利"，而是为了兴趣，希望读者在品读这套丛书的时候，不仅获取知识，还能收获愉悦！

"最伟大的思想家"
北大、人大、复旦、武大等校30位名师联名推荐，集学术性与普及性于一体，是不可多得的哲学畅销书

京东购买
当当购买

聆听音乐（第七版）
耶鲁大学公开课教材，全美百余所院校采用，风靡全球

大问题：简明哲学导论（第十版）
全球畅销500万册的超级哲学入门书，有趣又好读

艺术：让人成为人
人文学通识（第10版）
被誉为"最伟大的人文学教科书"，教你"成为人"

当当购买
京东购买